Dr. Thomas Böhm

Der Kleine Schulrechtsführer

Dr. Thomas Böhm

Der Kleine Schulrechtsführer

Grundlagen des Schulrechts

Fragen und Fälle zum Schulrecht

Kleines Schulrechtslexikon
mit Stichwortverzeichnis

Hinweise zur schulrechtlichen Literatur

AOL
AOL-VERLAG

Luchterhand
Verlag

der Kleine Schulrechtsführer
ein Buch aus der Blaue Bücher Reihe
herausgegeben von Hertha Beuschel-Menze

Zum Autor:
Dr. Thomas Böhm ist Dozent am Institut für Lehrerfortbildung in Essen-Werden. Er ist Autor zahlreicher fachwissenschaftlicher Veröffentlichungen im Luchterhand-Verlag (siehe auch Seite 88 hier im Buch) und betreut die Rubrik „Der kleine Schulrechtsführer" im Schulbranchenbuch SCHUBRA.
Seine Adresse:
Paulinenstraße 67 in D-45130 Essen, Telefon 0201-781751

Fragen zu Rechtsproblemen des Schulalltags richten Sie bitte nicht an Herrn Dr. Thomas Böhm, sondern direkt an die
Redaktion Schulrecht im SCHUBRA
Blaue-Bücher-Verlag BBV
Waldstraße 17-18
D-77839 Lichtenau
Telefon 07227-1449 • Fax 07227-8284
Die Redaktion bündelt Ihre Fragen und leitet sie an Dr. Thomas Böhm weiter. Sie werden entweder direkt oder in der jeweils nächsten Ausgabe des SCHUBRA beantwortet oder in eine Neuauflage des Kleinen Schulrechtsführers aufgenommen.

Der Kleine Schulrechtsführer ist eine Gemeinschaftsproduktion der beiden Verlage AOL und Luchterhand.

Satz: Dr. Thomas Böhm • Essen
Umbruch: Silja Aretz • Lichtenau
Umschlag: Peter Fenske • Scherzheim
Film/Druck/Bindung: Naber & Rogge GmbH • Rheinmünster

Jahr: 2000 99 98 97 96 95 94 (gültig ist die letzte Zahl)
Auflage: 7 6 5 4 3 2 1 (gültig ist die letzte Zahl)

ISBN 3-89111-418-4 (Bestellnummer **A418**)
Bezug über den Buchhandel oder direkt über:
AOL-Verlagsauslieferung **AVA • Waldstr. 17-18 • D-77839 Lichtenau**
Telefon 07227-2010 • Fax 07227.8284

Frohmut Menze M.A.
Lehrer GHS, Verleger

Liebe Kollegin, lieber Kollege,

der Kleine Schulrechtsführer (KSF) ist Teil einer Reihe von Nachschlagewerken des AOL-Verlags, die Ihnen im Schulalltag die Arbeit erleichtern sollen.
Neben dem **KSF** (Kleinen Schulrechtsführer), den Sie in der Hand haben, gibt es auch den **PSF** (Pädagogischen Schnäppchenführer). Er beschreibt auf über 100 Seiten mehr als 300 (fast) kostenlose Dia-Serien, Foliensätze, Verbrauchsmaterialien, Bastelvorschläge und zahlreiche fantastische Lehr- und Lernmittel, die von Verbraucherverbänden, Ministerien, Behörden, Industrieunternehmen und öffentlichen Einrichtungen für den Bildungsbereich erstellt wurden (auf S. 91 informieren wir Sie ausführlicher).

Der KSF ist in Zusammenarbeit mit dem Luchterhand-Verlag entstanden, der PSF in Zusammenarbeit mit dem Blaue-Bücher-Verlag (BBV). Im BBV ist auch das SCHUBRA erschienen, das Ihnen in 26 Rubriken einen Überblick über alle die Anbieter gibt, die für den Schulbereich von Interesse sind (von **Audiovisuellen Medien** bis zum **Zirkuszeltverleih**). Das SCHUBRA erscheint jährlich neu jeweils im Januar und kann - ebenso wie der PSF - abonniert werden (siehe S. 91).

Nachschlagewerke wie der Kleine Schulrechtsführer sind ein unentbehrliches Hilfsmittel für alle engagierten Lehrer/innen.
Doch Bücher reichen nicht immer aus, um alle Fragen zu beantworten.
Ein besonderer Schwerpunkt des AOL-Verlags liegt daher auch in der Fortbildung von Lehrer/innen und Erzieher/innen.
Hierzu bauen wir mit Hilfe unserer AOL- und Freiarbeit-Regionalstellen überall in Deutschland ein Netz von Workshop- und Seminar-Angeboten auf.
Wenn Sie umblättern, finden Sie einen Anmeldebogen, mit dessen Hilfe Sie sich bei unserer Seminarleiterin, Frau Christina Jochmann-Schick, unverbindlich und kostenlos anmelden können.
Sie schickt Ihnen dann gezielt Informationen entsprechend Ihren Wünschen zu.

AOL - das bedeutet: **A**rbeiten • **O**rganisieren • **L**ernen. Ein vielfältiges Programm, das mit Hilfe von Büchern, Lehr- und Lernmitteln **und** einer gut organisierten bundesweiten Fortbildung mit kompetenten Partnern **Ihre** Fortbildungswünsche in allen wichtigen Bereichen (vom Freiarbeit-Workshop über NLP, ganzheitliches Lernen, Schulrecht und Schulmanagement bis zum 14-tägigen Filzkurs in Portugal) individuell erfüllt und ihre berufliche und private Kompetenz fördert.
Fragen Sie uns.

Einen schönen Tag wünscht Ihnen
Ihr

(Frohmut Menze)

AOL

ORGANISIEREN

An die Gesellschaft für
Arbeiten • Organisieren • Lernen
Christina Jochmann-Schick
Auf der Löh 27

D-53797 Lohmar

Workshops/Seminare/Fortbildung

Ich interessiere mich für die nachfolgend angekreuzten Fortbildungsmaßnahmen und bitte um kostenlose und unverbindliche Zusendung der entsprechenden Unterlagen an meine Adresse:

Name, Vorname: ____________________

Straße, Ort: ____________________

Telefon/Fax: ____________________

1. Ich bin in folgenden Bereichen tätig:

- ❒ Kindergarten
- ❒ Grundschule
- ❒ Sonderschule
- ❒ Sekundarstufe 1
- ❒ Sekundarstufe 2
- ❒ außerschulische Bildungsarbeit
- ❒ Erwachsenenbildung
- ❒ Managament Industrie
- ❒ Management Verwaltung
- ❒ Management Bildung
- ❒ ____________________

2. Ich interessiere mich für Fortbildungsmaßnahmen mit folgenden Inhalten:

- ❒ Stille- & Meditation
- ❒ NLP
- ❒ Musik und Rhythmus
- ❒ Freiarbeit-Workshop GS
- ❒ Körpersprache
- ❒ Zeitmanagement
- ❒ Suchtvorbeugung
- ❒ Religion/Sekten
- ❒ ganzheitliches Lehren & Lernen
- ❒ Suggestopädie
- ❒ Anfangsunterricht
- ❒ Freiarbeit-Workshop Sek.1/Sek.2
- ❒ Nonverbale Kommunikation
- ❒ ABC der Arbeitsfreude
- ❒ Ausländerfeindlichkeit
- ❒ Mißbrauch von Kindern
- ❒ Autogenes Training
- ❒ Aggressionsabbau
- ❒ Lesen durch Schreiben
- ❒ Projektunterricht
- ❒ Konfliktmanagement
- ❒ Corporate Identity
- ❒ Umwelt
- ❒ Gewalt
- ❒ ____________________

3. Ich bin vor allem an folgenden Veranstaltungsformen interessiert:

- ❒ Halbtags-Workshops als „Schnupperkurs“ mit Grundlageninformation vor Ort
- ❒ Ganztages-Seminare und -Workshops zum Einstieg in ein Thema vor Ort
- ❒ Zentrale Ganztages-Seminare und -Workshops zum Einstieg in ein Thema
- ❒ Wochenend-Veranstaltungen zur vertieften Einführung in ein Thema vor Ort
- ❒ Zentrale Wochenend-Veranstaltungen zur vertieften Einführung in ein Thema
- ❒ Zentrale Ausbildungs-, Mehrtages- und Wochenseminare zur Grundlegung eines Themas
- ❒ Umfangreichere Weiterbildung zur Qualifizierung in einem anderen Beruf
- ❒ ____________________

4. Folgende Überlegungen wären mir wichtig:

- ❒ Auf einen gewissen Komfort will ich - vor allem bei größeren Veranstaltungen - nur ungern verzichten (Einzelzimmer, angenehme Umgebung)
- ❒ Mir reicht auch der Standard einer Jugendherberge
- ❒ Eine organisierte Kinderbetreuung würde mir eine Teilnahme wesentlich erleichtern
- ❒ Ich ziehe eine Fortbildung in den Ferien vor (gern auch im Ausland in schöner Umgebung)
- ❒ Für qualifizierte Referenten/innen zahle ich gern einen entsprechenden Beitrag
- ❒ Ich bin nur an preiswerten Fortbildungsveranstaltungen interessiert
- ❒ ____________________

ARBEITEN

LERNEN

Inhaltsverzeichnis

Vorwort

Der Kleine Schulrechtsführer soll kein Kurz-Lehrbuch des Schulrechts sein, sondern einen ersten orientierenden Kontakt mit dem Schulrecht ermöglichen. Es wird daher nicht der Versuch unternommen, bestimmte Teilbereiche des Schulrechts möglichst umfassend darzustellen, sondern es soll auf wichtige schulrechtliche Themen aufmerksam gemacht und auf das „Handwerkszeug" hingewiesen werden, das für eine tiefergehende, systematische Beschäftigung mit dem Schulrecht zur Verfügung steht.

Aus dieser Aufgabenstellung ergibt sich die Gliederung des Kleinen Schulrechtsführers **in vier Teile**.

Der erste, einige Grundlagen des Schulrechts systematisch erläuternde Teil entspricht in Inhalt und Form den lehrbuchartigen Darstellungen des Schulrechts. Er setzt sich mit dem Begriff der Verrechtlichung des Schulwesens auseinander, zeigt die Stellung des Schulrechts in der Rechtsordnung auf, weist auf verfassungsrechtliche Grundlagen des Schulrechts hin, erörtert Möglichkeiten des Rechtsschutzes gegen schulische Maßnahmen, erläutert die Aufgaben und den Aufbau der Gerichtsbarkeit und weist auf rechtliche Regelungen und Institutionen hin, die eine bundesweit vereinheitlichende Wirkung auf das Schulwesen ausüben.

Der zweite, die Lösung schulrechtlicher Fälle erörternde Teil entspricht fallorientierten Darstellungen des Schulrechts, die nicht nur bestimmte Inhalte, sondern darüber hinaus auch ein methodisches Rüstzeug für die Fallbearbeitung vermitteln und eine unmittelbare, praxisorientierte Auseinandersetzung der Leser mit schulrechtlichen Problemen fördern wollen.

Der zweite Teil zielt dabei nicht wie fallorientierte Lehrbücher auf eine möglichst umfassende Erarbeitung bestimmter Bereiche, sondern will einen Einblick in die große Fülle interessanter Fälle aus unterschiedlichen Bereichen des Schulrechts geben. Einige Fälle beruhen auf Artikeln zum Schulrecht, die in den Jahren 1992 und 1993 in der Deutschen Lehrerzeitung, in der regelmäßig auch Artikel zu schulrechtlichen Themen erscheinen, veröffentlicht wurden.

Der dritte Teil entspricht einer lexikalischen Darstellung wichtiger schulrechtlicher Begriffe, ohne auch nur annähernd den Anspruch auf Vollständigkeit zu erheben. Vielmehr werden einige Begriffe erläutert, die in den beiden voraufgegangenen Teilen von großer Bedeutung sind. Wie bei ausführlichen Schulrechtslexika setzt ein gewinnbringender Umgang mit den Begriffserläuterungen schulrechtliche Grundkenntnisse voraus, die in der systematischen Darstellung und durch die Fallerörterungen vermittelt wurden.

Der vierte Teil gibt einige Hinweise zur schulrechtlichen Literatur, auf die jeweils am Ende der vorangegangenen Teile hingewiesen wurde oder die darüber hinaus von Bedeutung ist.

I Grundlagen des Schulrechts

1. Das Schulrecht und die Verrechtlichung des Schulwesens

Während des Studiums und der Referendarzeit werden Lehrern schulrechtliche Kenntnisse entweder gar nicht oder nur in völlig unzureichender Form vermittelt.
Das Schulrecht rückt daher erst in das Blickfeld der Lehrer, wenn bei einer Prüfung - zum Beispiel vor einer Beförderung - Schulrechtskenntnisse erwartet werden, wenn Eltern und Schüler sich mit Beschwerden oder Widersprüchen gegen schulische Maßnahmen wenden, eine Konferenz Beschlüsse faßt, mit denen man nicht einverstanden ist oder von der Schulleitung oder der Schulaufsicht Weisungen erteilt werden, die man nicht hinnehmen will.

Die Notwendigkeit, über schulrechtliche Kenntnisse zu verfügen, wird Lehrern in der Regel in Situationen bewußt, die konfliktbeladen und unerfreulich sind.
Diese Situationen werden zusätzlich durch einige Kollegen, Schulleiter und Schulaufsichtsbeamte verschärft, die ihre tatsächlichen oder vorgeblichen Schulrechtskenntnisse dazu nutzen, persönliche Interessen durchzusetzen und zum Beispiel eine Konferenz zu langwierigen Geschäftsordnungsdebatten zwingen. Diese unerfreulichen Anlässe, die Schule auch als rechtlich geregelte Institution zur Kenntnis nehmen zu müssen, bestärken viele Pädagogen in ihrer Auffassung, zwischen den zu beachtenden Rechtsnormen und einer pädagogisch wünschenswerten Lösung bestehe nur allzu oft kein Zusammenhang.

Um das Verhältnis zwischen dem Schulrecht und dem pädagogischen Handeln klären zu können, muß zunächst unterschieden werden zwischen den grundlegenden Aufgaben und Merkmalen des Schulrechts in einer rechtsstaatlich verfaßten Schule und politischen, gesellschaftlichen und pädagogischen Entwicklungen, die im Schulrecht selbst oder im Umgang mit dem Schulrecht zutage treten.

Diese Unterscheidung kann am Schlagwort von der Verrechtlichung der Schule beispielhaft vorgenommen werden.
Klagen über die Verrechtlichung der Schule beziehen sich häufig auf die große Zahl der gesetzlichen Normen und Verwaltungsvorschriften, die das pädagogische Handeln regeln.

Diese Flut rechtlicher Regelungen entspringt aber letztlich nicht dem Grundsatz der Rechtsstaatlichkeit oder einer Eigendynamik des Rechts, sondern einem individualistischen Anspruchsdenken der Eltern, Schüler und Lehrer, die eine Festschreibung ihrer Rechte wünschen und ihre Ansprüche mit rechtlichen Mitteln durchsetzen wollen, wenn persönliche Gespräche und pädagogische Argumente keinen Erfolg versprechen.

Die Kehrseite dieses Anspruchsdenkens ist ein Sicherheitsdenken bei vielen Lehrern, das zu einer großen Zahl von Anfragen bei der Schulaufsicht führt und damit zahlreiche, dem festgestellten Regelungsbedarf entsprechende Verwaltungsvorschriften provoziert.

Darüber hinaus führt auch der Wille einer politisch denkenden Kultusbürokratie, aktuellen Trends zu folgen, zu zahlreichen Regelungen, die manchmal - wie bei dem unter Berufung auf den Datenschutz ausgesprochenen Verbot, die Ergebnisse von Klassenarbeiten in das Klassenbuch einzutragen - ans Absurde grenzen.

Die Kritik an der großen Zahl der Normen und Vorschriften sollte daher vorrangig nicht beim Schulrecht, sondern bei den zugrundeliegenden politischen, gesellschaftlichen und pädagogischen Entwicklungen ansetzen.

2. Die Wesentlichkeitslehre

Die Verrechtlichung des Schulwesens bezieht sich aber auch auf eine Entwicklung des Schulrechts, die durch Urteile des Bundesverfassungsgerichtes in den 70er Jahren eingeleitet wurde, in denen für schulische Maßnahmen, die wegen ihrer Bedeutung für Grundrechte der Eltern und Schüler von wesentlicher Bedeutung sind, eine gesetzliche Grundlage verlangt wurde. Mit dieser Rechtsprechung des Bundesverfassungsgerichtes wurde der Rechtsbegriff des besonderen Gewaltverhältnisses weitgehend aufgegeben.

Die Überlegung, die hinter diesem juristischen Begriff des besonderen Gewaltverhältnisses stand, war folgende: Jeder Bürger steht zum Staat in einem allgemeinen Gewaltverhältnis, das heißt er ist den für alle geltenden Gesetzen wie den Steuergesetzen und den Strafgesetzen unterworfen. Er kann sich aber auch gegen staatliche Eingriffe in seine Rechte wehren, indem er sich zum Beispiel auf seine Grundrechte beruft und Klage bei Gericht erhebt.
Von diesem allgemeinen Verhältnis zum Staat, das für alle Bürger gilt,

wurden besonders enge Beziehungen zwischen dem Staat und bestimmten Bürgern unterschieden.

Zu den Bürgern, die entweder freiwillig oder gezwungenermaßen in ein besonders enges Verhältnis zum Staat treten, wurden die Beamten, Soldaten, Strafgefangenen, Anstaltsinsassen und Schüler gerechnet. Diese Personengruppen verzichteten dieser juristischen Auffassung zufolge aufgrund ihres besonders engen Verhältnisses zum Staat auf einen Teil ihrer Rechte dem Staat gegenüber im Interesse der Funktionsfähigkeit der jeweiligen Institution.

Konkret bedeutete das, daß auch aufgrund von Anordnungen der Verwaltung in Grundrechte dieser Personen eingegriffen werden konnte und die Klagemöglichkeiten gegen Maßnahmen der jeweiligen Institution oder Behörde eingeschränkt waren. So konnten beispielsweise wie in einem vom Bundesverfassungsgericht entschiedenen Fall auf der Grundlage einer Anstaltsordnung Briefe der Strafgefangenen zensiert werden. In der Schule konnte der Schulleiter ein Vertriebsverbot für Schülerzeitungen auf der Grundlage einer Verwaltungsvorschrift des Kultusministers aussprechen.

Die Forderung nach einer gesetzlichen Grundlage für Eingriffe in Rechte der Bürger beruht zum einen auf dem rechtsstaatlichen Grundsatz des Gesetzesvorbehaltes, nach dem der Staat in Rechte der Bürger nur auf Grund eines Gesetzes eingreifen darf. Das Rechtsstaatsprinzip ist in den Artikeln 20 Absatz 3 und 28 Absatz 1 des Grundgesetzes verankert.

In seiner weiteren Rechtsprechung hat das Bundesverfassungsgericht die Forderung nach einer gesetzlichen Grundlage unter Berufung auf das Demokratieprinzip (Artikel 20 Abs. 1 und 2 GG) noch erweitert und festgestellt, daß im Schulverhältnis alle wesentlichen Entscheidungen vom Gesetzgeber getroffen werden müssen.

Das entspricht auch dem rechtsstaatlichen Grundsatz der Gewaltenteilung, demzufolge für die Bürger wesentliche Entscheidungen vom dafür legitimierten Gesetzgeber und nicht von der Exekutive getroffen werden müssen. Ob Entscheidungen wesentlich sind, richtet sich zum einen wieder danach wie sehr sie Grundrechte berühren, zum anderen nach der Bedeutung der betroffenen Interessen der Bürger und der Gemeinschaft.

Entscheidungen über die Einrichtung einer Förderstufe, die Einführung neuer Fächer wie der Sexualkunde, die Versetzung und die Schulentlassung müssen danach auf gesetzlicher Grundlage erfolgen und können nicht allein durch Verwaltungsvorschriften der Kultusbürokratie geregelt werden.

Die Betonung des Charakters einer Rechtsquelle - Gesetz oder Verwaltungsvorschrift - und der Zuständigkeit - Gesetzgeber oder Exekutive - scheint die Auffassung zu bestätigen, es gehe dem Recht um die bloße Formalität, die richtige Zuständigkeit zu beachten und die Entscheidung in der richtigen Form zu treffen, und nicht um die inhaltliche Richtigkeit der Entscheidung.

Dabei wird aber verkannt, daß klare Zuständigkeitsregelungen auch klare Verantwortlichkeiten schaffen. Die Gewaltenteilung und der Gesetzesvorbehalt machen die Machtausübung durch eine allzuständige Bürokratie, Partei oder ein Staatsorgan unmöglich. Außerdem eröffnet der Verzicht auf eine inhaltliche Festlegung von Entscheidungen den zuständigen Stellen einen weiten Freiraum eigener Gestaltungsmöglichkeiten.

Im Schulrecht hat sich durch die Wesentlichkeitslehre des Bundesverfassungsgerichtes die Rechtssicherheit erhöht, da der Kultusminister eine Verwaltungsvorschrift jederzeit erlassen, aufheben oder ändern kann. Bei einem Gesetz ist dagegen jeweils ein langwieriges Verfahren erforderlich. Die Öffentlichkeit erhält auch einen größeren Einblick in Entscheidungsprozesse, die nicht mehr ausschließlich intern im jeweiligen Kultusministerium verlaufen, sondern in den Ausschüssen und im Plenum des Parlamentes diskutiert werden.

Andererseits ist aber auch die Tendenz weiter gestärkt worden, bildungspolitische Entscheidungen von der Exekutive zur Legislative zu verlagern und damit zu parteipolitischen Entscheidungen der jeweils das Parlament beherrschenden Regierungspartei(en) zu machen.

3. Pädagogisches Handeln und Rechtsnormen

Verläßt man die Ebene der vom Gesetzgeber zu treffenden Entscheidungen und betrachtet die Einzelfallentscheidungen der Lehrer, zum Beispiel die Leistungsbewertungen, stößt man ebenfalls auf Klagen über den formalen Charakter des Rechts, da nicht die pädagogische Richtigkeit einer Entscheidung, zum Beispiel einer Leistungsbeurteilung, sondern vor allem das Vorliegen von Verfahrensfehlern überprüft werde.

Dabei ist zunächst zu bedenken, daß die rechtliche Überprüfung sich keineswegs ausschließlich auf Verfahrensfehler bezieht, aber gerade der weitgehende Verzicht auf eine inhaltlich-pädagogische Überprüfung den pädagogischen Beurteilungsspielraum der Lehrer sichert.

Letztlich drückt sich in diesen Klagen aber ein Konflikt zwischen der pädagogischen und der rechtlichen Perspektive bei der Beurteilung eines Sachverhaltes aus.

Während die pädagogische Beurteilung auf die Besonderheiten des Einzelfalles abstellt, geht die rechtliche Beurteilung von einer generellen Regel aus und bemüht sich um eine Entscheidung, die auch als generelle Regel Bestand haben kann.

Pädagogisch lassen sich zum Beispiel im Einzelfall auch Noten rechtfertigen, die disziplinierend oder ermutigend wirken sollen. So ist es keineswegs ausgeschlossen, daß eine disziplinierende Note bei einem bestimmten Schüler zu einer für diesen Schüler wichtigen und positiven Verhaltensänderung beitragen kann oder daß eine ermutigende Note in einem bestimmten Fall eine Leistungssteigerung nach sich zieht.

Aus der Perspektive des Rechts ist dagegen von dem verfassungsrechtlich verbürgten Anspruch auf Gleichbehandlung und den Vorschriften der Schulgesetze, die die Bewertung tatsächlich erbrachter Leistungen fordern, auszugehen. Nur so wird man dem Anspruch gerecht, willkürliche, lediglich vom Kenntnisstand und den persönlichen Überzeugungen des jeweiligen Pädagogen abhängige Entscheidungen zu vermeiden. Die Erkenntnis, daß die generelle Betrachtungsweise des Rechts auch zu gerechten Entscheidungen beitragen kann, könnte helfen, pädagogische und rechtliche Gesichtspunkte nicht von vornherein voneinander zu isolieren oder gar in einen Gegensatz zu setzen.

Außerdem können rechtliche Regelungen Lehrern Handlungssicherheit verleihen und Lehrer, die auf der Grundlage der Gesetze handeln, vor dem Druck mancher Eltern, die eine privilegierte Behandlung wünschen, schützen. Das Schulrecht kann darüber hinaus feste Orientierungspunkte und Argumentationshilfen bei Gesprächen mit Eltern, Schülern, Kollegen und Vorgesetzten bieten. Die Bezugnahme auf Rechtsnormen und -begriffe wirkt häufig versachlichend und erhöht die Entscheidungs- und Kompromißfähigkeit.

4. Die Richtziele des Bildungswesens

Der Blick auf das pädagogische Handeln aus der Sicht des Schul-

rechts vermindert auch die Gefahr, in einer manchmal wie Treibsand wirkenden, von Zeitgeisttendenzen geprägten pädagogischen Diskussion unterzugehen oder pädagogische Diskussionen als Glaubenskriege zu führen.
Das wesentlich zähflüssigere Recht kann häufig als Reflexionshorizont und kritischer Maßstab dienen. Das gilt sogar für die wichtigsten pädagogischen Grundentscheidungen wie ein Blick auf die in den Verfassungen der meisten Länder aufgeführten Richtziele des Bildungswesens zeigt.

Zu diesen Richtzielen, die für das gesamte Schulwesen verbindlich sind, zählt zum Beispiel Artikel 7 der Verfassung des Landes Nordrhein-Westfalen: „Ehrfurcht vor Gott, Verantwortung für die Erhaltung der natürlichen Lebensgrundlagen, Liebe zu Volk und Heimat, zur Völkergemeinschaft und Friedensgesinnung“. Aus diesen Richtzielen sind nicht unmittelbar bestimmte Unterrichtsinhalte ableitbar. Sie verdeutlichen aber, daß der Staat einen eigenen Erziehungsauftrag in der Schule hat. Das bringen auch Definitionen des Schulbegriffes zum Ausdruck, die die Schulen als „Stätten der Erziehung und des Unterrichts“ (§ 1 Absatz 1 SchOG NW) bestimmen.

Die in den Länderverfassungen genannten Erziehungsziele sind rechtlich gleichwertig.
Es darf nicht ein Ziel völlig vernachlässigt oder als allein bedeutsam behandelt werden.
Ein Vergleich der Richtziele mit der Entwicklung der Ziele und Inhalte der Richtlinien und Lehrpläne verdeutlicht die Schwerpunkte, aber auch die Defizite der pädagogischen Theorie und Praxis. Gerade angesichts der zunehmenden Ansprüche an die Erziehungsaufgabe der Schulen könnten scheinbar veraltete Erziehungsziele wie „Liebe zu Volk und Heimat und zur Völkergemeinschaft“ wieder an Bedeutung gewinnen, ohne gleichwertige, aber in letzter Zeit vorherrschende Ziele wie die Friedensgesinnung zu verdrängen.

5. Elternrecht und Staatsaufsicht über das Schulwesen

Artikel 7 Absatz 1 GG lautet: „Das gesamte Schulwesen steht unter der Aufsicht des Staates.“ Die Verfassungen der Bundesländer enthalten entsprechende Artikel.

Der Begriff der Aufsicht in Artikel 7 Absatz 1 des Grundgesetzes ist vom Bundesverfassungsgericht und vom Bundesverwaltungsgericht im Anschluß an entsprechende Interpretationen der Weimarer Reichsverfassung als Gesamtheit der staatli-

chen Befugnisse zur Planung, Organisation, Leitung und Beaufsichtigung des Schulwesens definiert worden (BVerwGE 6,101; SPE n.F. 694 Nr.1, SPE a.F. I B I, 141).
Diese umfassenden Befugnisse des Staates zur Gestaltung des Schulwesens bezeichnet man auch als staatliche Schulhoheit. Die staatliche Schulhoheit umfaßt die Planung, Organisation und Leitung des Schulwesens, also zum Beispiel seine Gliederung in Schulformen, die Bestimmung der Art und Anzahl der Unterrichtsfächer sowie der Stundentafel, die Festlegung der Ziele und Inhalte des Unterrichtes in Richtlinien und Lehrplänen und die Zulassung der Lehr- und Lernmittel.

Die umfassenden Rechte des Staates, also der Bundesländer, zur Gestaltung des Schulwesens werfen die Frage auf, in welchem Verhältnis die staatliche Schulhoheit zu den Rechten der Eltern und der Schüler steht. Die Eltern können sich dem Staat gegenüber auf ihr in Artikel 6 Absatz 2 GG garantiertes Elternrecht berufen: „Pflege und Erziehung der Kinder sind das natürliche Recht der Eltern und die zuvörderst ihnen obliegende Pflicht. Über ihre Betätigung wacht die staatliche Gemeinschaft."

Gundsätzlich gilt nach der Rechtsprechung des Bundesverfassungsgerichtes, daß das Recht des Staates zur Planung, Organisation, Leitung und Beaufsichtigung des Schulwesens und das Recht der Eltern zur Pflege und Erziehung ihrer Kinder gleichrangig sind (BVerfGE 34, 165 (183); SPE n.F. 260 Nr. 3). Die gemeinsame Erziehungsaufgabe der Eltern und der Schule, die die Bildung der einen Persönlichkeit des Kindes zum Ziel hat, ist in einem sinnvoll aufeinander bezogenen Zusammenwirken zu erfüllen (a.a.O.). Bei den bisher von der Rechtsprechung entschiedenen konkreten Konfliktfällen zeichnete sich aber ein deutliches Übergewicht des Staates ab.

So kann der Staat weitgehend allein die organisatorische Struktur des Schulwesens bestimmen, den Fächerkanon sowie die Lernziele und Unterrichtsinhalte festlegen.
Die Eltern haben keinen Anspruch darauf, daß der Staat eine ihren Wünschen entsprechende Schulform anbietet. Sie können lediglich zwischen den vom Staat zur Verfügung gestellten Schulformen wählen (a.a.O.).

Das staatliche Recht zur Planung, Organisation und Leitung des Schulwesens ist allerdings nicht völlig schrankenlos. Das Wahlrecht der Eltern zwischen den vom Staat zur Verfügung gestellten Schulformen darf nicht mehr als notwendig begrenzt werden (a.a.O.).

Das Elternrecht und die Grundrechte der Schüler, zum Beispiel das Recht auf freie Entfaltung der Persönlichkeit aus Artikel 2 Absatz 1 GG, würden verletzt, wenn die organisatorische Struktur des Bildungswesens keinerlei Rücksicht mehr auf die unterschiedlichen Begabungen und Interessen der Schüler nähme, indem nur noch eine Einheitsschule angeboten würde, so daß alle Kinder den gleichen Bildungsgang durchlaufen und den gleichen Schulabschluß erwerben müßten. Das Elternrecht und die Grundrechte der Schüler haben daher die Funktion einer Mißbrauchssperre in bezug auf die staatliche Schulhoheit.

Auch für die Ziele, Inhalte und Methoden des Unterrichtes gilt, daß das Elternrecht keine Einflußmöglichkeit zur aktiven Mitgestaltung eröffnet, sondern den Eltern lediglich ein Informationsrecht über alle Maßnahmen der Schule verleiht, die das elterliche Erziehungsrecht in besonderer Weise berühren. Das gilt für die Leistungsbewertung, es gilt aber vor allem für religiöse, weltanschauliche und politische Aspekte des Unterrichtes und der schulischen Erziehung.
So haben die Eltern beispielsweise einen Rechtsanspruch auf rechtzeitige und eingehende Information über die Inhalte und Unterrichtsmethoden der schulischen Sexualerziehung (BVerfGE 47, 46; SPE n.F. 790 Nr. 5).
Generell gilt, daß der Staat die Schule nicht zur Indoktrination der Schüler mißbrauchen darf.
Es ist ihm aber nicht verwehrt, bestimmte bildungspolitische Auffassungen im Schulwesen zur Geltung zu bringen.

Dem elterlichen Einfluß völlig entzogen ist der Personaleinsatz in der Schule. Die Eltern haben keinen Einfluß darauf, welche Lehrer ihre Kinder unterrichten.

6. Das Schulrecht als Teil des öffentlichen Rechtes

Die gesamte Rechtsordnung kann eingeteilt werden in Normen, die zum öffentlichen Recht gehören und Normen, die zum Zivilrecht gehören.

Es dient einem besseren Verständnis des Schulrechts, wenn seine Zuordnung zum öffentlichen Recht vorgenommen und begründet wird, da sich das öffentliche und das private Recht grundlegend unterscheiden und diese Unterschiede wichtige Rückschlüsse auf den Rechtscharakter eines Rechtsgebietes sowie auf Voraussetzungen und Folgen der Rechtsnormen und damit auf Handlungsmöglichkeiten zulassen. Die Unterscheidung ist schließlich auch bedeutsam für den außergerichtlichen und gerichtlichen Rechtsschutz.

Zum öffentlichen Recht gehören unter anderem das Völkerrecht, das Verfassungsrecht, das Steuerrecht, das Strafrecht und das Verwaltungsrecht. Dem Zivilrecht werden unter anderem das Bürgerliche Recht, das Handelsrecht, das Urheberrecht und das Wettbewerbsrecht zugerechnet.

Zur Unterscheidung von öffentlichem Recht und Privatrecht und damit zu den Kriterien, die über die Zurechnung eines Rechtsgebietes entscheiden, gibt es mehrere juristsche Theorien.
Zum Verständnis des Schulrechtes trägt insbesondere eine Auffassung bei, die das entscheidende Kriterium für die Zuordnung zum öffentlichen Recht in einem Verhältnis der Über- und Unterordnung zwischen einem Träger von Hoheitsgewalt und anderen Beteiligten sieht. Im Zivilrecht besteht demgegenüber ein Verhältnis der Gleichordnung zwischen den Beteiligten.

Die Begründung dieser Charakterisierung des öffentlichen und des privaten Rechts macht ein Blick auf die dem Privatrecht zugerechneten Rechtsgebiete verständlich.
Das Privatrecht bezieht sich im wesentlichen auf wirtschaftliche Sachverhalte. Der Grundgedanke einer marktwirtschaftlichen Ordnung ist der möglichst freie Austausch von Gütern und Dienstleistungen.
Es soll grundsätzlich jedem Bürger überlassen bleiben, welche Güter oder Dienstleistungen er erwerben bzw. in Anspruch nehmen will und zu welchen Bedingungen das geschieht. Diese Freiheit besteht aber im rechtlichen Sinne nur, wenn niemand zu einem Vertragsabschluß gezwungen werden kann und niemand Vertragsbedingungen einseitig diktieren kann.
Das Zivilrecht geht daher vom Gedanken der Vertragsfreiheit aus, der rechtlich eine Gleichordnung der Beteiligten voraussetzt.

Die Rechtsgebiete, die zum öffentlichen Recht gezählt werden, regeln nicht in erster Linie wirtschaftliche Sachverhalte, sondern Fragen des öffentlichen Lebens, der Ordnung des Staates und der Gesellschaft. Das Entstehen und die Erhaltung einer staatlichen und gesellschaftlichen Ordnung können aber nicht freien Vereinbarungen der Bürger überlassen bleiben.
So kann der Staat es zum Beispiel nicht jedem einzelnen Bürger überlassen, nach einer gegen ihn begangenen Straftat auf eine Bestrafung des Täters zu verzichten oder eine persönlich als angemessen betrachtete Strafe zu verhängen. Hier

ist vielmehr der Staat als Träger von Hoheitsgewalt die ordnende Kraft, der sich die Bürger unterordnen müssen.

Daß das Schulrecht dem öffentlichen Recht zuzuordnen ist, wird besonders deutlich an der Schulpflicht. Über die Erfüllung der Schulpflicht wird zwischen Staat und Bürgern nicht verhandelt und gegebenfalls eine vertragliche Vereinbarung geschlossen. Die Bürger werden vielmehr im Interesse des Allgemeinwohles gezwungen, ihre Kinder zur Schule zu schicken.
Die Erfüllung der Schulpflicht kann der Staat auch dann mit Zwangsmaßnahmen durchsetzen, wenn Bürger nachweisen, daß sie aufgrund privater Vereinbarungen zum Beispiel mit qualifizierten Privatlehrern eine Unterrichtung ihrer Kinder sichern können. Hier hat das Interesse des Staates Vorrang, der nicht zuletzt aus erzieherischen Gründen den Schulbesuch aller Kinder wünscht.

Die Bürger haben dem Staat gegenüber aber nicht nur Pflichten, über die grundsätzlich nicht verhandelt werden kann, sondern sie können sich auch auf Grundrechte berufen, die ihnen unabhängig von etwaigen Vereinbarungen mit dem Staat garantiert sind. So hat etwa jeder Schüler ein Recht auf Schulbesuch.

Innerhalb des öffentlichen Rechtes gehört das Schulrecht zum Verwaltungsrecht. Beim Verwaltungsrecht unterscheidet man das Allgemeine Verwaltungsrecht, zu dem zum Beispiel die Verwaltungsverfahrensgesetze des Bundes und der Länder gehören und das generelle Regelungen für die Tätigkeit aller Behörden enthält, und das Besondere Verwaltungsrecht, zu dem eine große Zahl verschiedener Rechtsgebiete wie das Beamtenrecht, das Polizei- und Ordnungsrecht und eben auch das Schulrecht gehören.

Die Zuordnung des Schulrechts zum öffentlichen Recht verdeutlicht die Rechtsnatur des Schulverhältnisses, also der Rechtsbeziehung zwischen dem Staat einerseits und den Eltern und Schülern andererseits als eines Verhältnisses, in dem der Staat die wichtigen Entscheidungen trifft und Eltern und Schüler im wesentlichen auf die Abwehr eines Mißbrauches der staatlichen Befugnisse beschränkt sind.

Auffassungen von der Schule als Dienstleistungsbetrieb stehen daher in deutlichem Widerspruch zur rechtlichen und faktischen Realität des Schulwesens, da ein Dienstleistungsbetrieb sich im Gegensatz zur öffentlichen Schule durch ein Angebot auszeichnet, von dem die Kunden Gebrauch machen können und auf dessen Gestaltung sie durch entsprechende Nachfrage entscheidenden Einfluß ausüben können.

Wer die Schule als Dienstleistungsbetrieb ansieht und damit eine stärkere Orientierung der Lehrer zum Beispiel an besonders gut artikulierten und organisierten Elterninteressen etwa bei der Leistungsbewertung oder der Verhängung von Ordnungsmaßnahmen fördert, entzieht der in der Zuordnung zum öffentlichen Recht als Ideal zum Ausdruck kommenden gemeinwohlorientierten staatlichen Organisation, Planung, Leitung und Beaufsichtigung des Schulwesens die Grundlage. Konsequent wäre dann auch ein Verzicht auf die allgemeine Schulpflicht.

7. Das Privatschulwesen

Das Recht der Freien Schulen ist ein Teilbereich des Schulrechtes, in dem sich sowohl Elemente des Zivilrechtes als auch des öffentlichen Rechtes finden.

Die Rechtsbeziehung zwischen der privaten Ersatzschule und den Eltern und Schülern ist ein privatrechtliches Vertragsverhältnis. Eltern und Schüler können daher nicht wie etwa bei öffentlichen Schulen durch Bildung eines Schulbezirkes gezwungen werden, eine bestimmte private Schule zu besuchen. Die private Ersatzschule kann aber auch nicht gezwungen werden, bestimmte Schüler aufzunehmen. Sie ist bei der Auswahl ihrer Schüler frei.

Private Ersatzschulen vergeben unter bestimmten Voraussetzungen Abschlüsse und treffen Versetzungsentscheidungen, die ebenso anerkannt werden wie Abschlüsse und Versetzungsentscheidungen öffentlicher Schulen. Sie handeln in diesem Bereich im Auftrage des Staates. Ihr Handeln ist daher dem öffentlichen Recht zuzurechnen.

Die Existenz privater Ersatzschulen wird durch das Grundgesetz in Artikel 7 Absatz 4 GG garantiert: „Das Recht zur Errichtung von privaten Schulen wird gewährleistet. Private Schulen als Ersatz für öffentliche Schulen bedürfen der Genehmigung des Staates und unterstehen den Landesgesetzen. Die Genehmigung ist zu erteilen, wenn die privaten Schulen in ihren Lehrzielen und Einrichtungen sowie in der wissenschaftlichen Ausbildung ihrer Lehrkräfte nicht hinter den öffentlichen Schulen zurückstehen und eine Sonderung der Schüler nach den Besitzverhältnissen der Eltern nicht gefördert wird. Die Genehmigung ist zu versagen, wenn die wirtschaftliche und rechtliche Stellung der Lehrkräfte nicht genügend gesichert ist."

Das Privatschulrecht gehört zu den Teilen des Schulrechtes, bei denen besonders viele Einzelfragen juristisch umstritten sind. Das liegt zum einen an der großen Bedeutung des Artikel 7 Absatz 4 GG, dessen weite Begriffe wie „Lehrziele und Einrichtungen“ oder „nicht zurückstehen“ einen weiten Interpretationsspielraum eröffnen und zum anderen an der Scheu vieler Träger privater Ersatzschulen, Rechtsfragen durch Klagen gegen das jeweilige Bundesland klären zu lassen.

Der Anspruch privater Ersatzschulen auf finanzielle Zuschüsse des Staates ergibt sich nicht aus dem Wortlaut des Artikel 7 Abs. 4 GG, sondern aus dem Sinn und Zweck der Vorschrift, wie das Bundesverfassungsgericht und das Bundesverwaltungsgericht festgestellt haben: "Soll Artikel 7 Absatz 4 Satz 1 GG nicht zu einem wertlosen Individualgrundrecht auf Gründung existenzunfähiger Ersatzschulen und zu einer nutzlosen institutionellen Garantie verkümmern, so muß diese Verfassungsnorm zugleich als eine Verpflichtung des Gesetzgebers verstanden werden, die privaten Ersatzschulen zu schützen und zu fördern.“ (BVerfG SPE n.F. 236, Nr.15, S. 35-59, hier: S. 51)

Es widerspräche dem Sinn und Zweck der grundgesetzlichen Garantie des Privatschulwesens, wenn der Staat durch Verweigerung finanzieller Zuschüsse die Schulträger zur Erhebung eines hohen Schulgeldes zwingen könnte, um dann die Genehmigung der privaten Schule unter Hinweis auf das hohe Schulgeld zu verweigern, da die Förderung der Sonderung der Schüler nach den Besitzverhältnissen der Eltern durch Artikel 7 Absatz 4 GG eindeutig untersagt wird.
Die genaue Höhe der Zuschüsse hat die Rechtsprechung nicht festgelegt. Sie müssen aber hoch genug sein, um den Bestand des Ersatzschulwesens zu sichern.

Nach Artikel 7 Abs. 4 GG dürfen die privaten Ersatzschulen in ihren Lehrzielen und Einrichtungen nicht hinter den öffentlichen Schulen zurückstehen. Diese Genehmigungsvoraussetzung soll sicherstellen, daß die Freien Schulen den öffentlichen Schulen qualitativ gleichwertig sind und nicht etwa Schulabschlüsse "verschenken“. Besonders strenge Anforderungen sind daher an die Gleichwertigkeit der Leistungsbeurteilungen, Versetzungs- und Prüfungsentscheidungen zu stellen.

In anderen Bereichen wie den Erziehungszielen, den erzieherischen Einwirkungen und Ordnungsmaßnahmen, der Mitwirkung der Eltern

und Schüler und - in den Grenzen des Nicht-Zurückstehens - der Unterrichtsziele und -inhalte haben die Freien Schulen dagegen einen wesentlich größeren eigenen Gestaltungsspielraum.
Darin kommt zum Ausdruck, daß das Recht, private Schulen zu errichten, ein wesentlicher Bestandteil einer freiheitlichen Ordnung ist. Es ermöglicht Eltern und Kindern, die eine religiös oder weltanschaulich gebundene Erziehung wünschen, eine Erziehung, die öffentlichen Schulen wegen des für sie geltenden Toleranzgebotes und der sehr unterschiedlichen religiösen und weltanschaulichen Auffassungen ihrer Schüler nicht möglich ist.

Die Einschränkung des staatlichen Einflusses auf das Schulwesen durch das Recht, private Schulen zu gründen, schwächt den Staat aber letztlich nicht, sondern stärkt die religiösen und sittlichen Fundamente, auf denen eine der Menschenwürde verpflichtete politische Ordnung ruht, der die staatliche Durchsetzung bestimmter religiöser und weltanschaulicher Überzeugungen im Interesse der Freiheit verwehrt sein muß.

8. Gerichtlicher Rechtsschutz im Schulverhältnis

a) Die Rechtsweggarantie

Artikel 19 Abs. 4 Satz 1 GG: "Wird jemand durch die öffentliche Gewalt in seinen Rechten verletzt, so steht ihm der Rechtsweg offen.“ gewährleistet allen Bürgern Rechtsschutz gegen rechtswidrige Maßnahmen der öffentlichen Gewalt, zu der auch die Schulen als staatliche Behörden gehören.

Zuständige Gerichtsbarkeit für Rechtsstreitigkeiten über die Rechtmäßigkeit schulischer Maßnahmen sind in aller Regel gemäß § 40 Abs. 1 der Verwaltungsgerichtsordnung (VwGO) die Verwaltungsgerichte: "Der Verwaltungsrechtsweg ist in allen öffentlich-rechtlichen Streitigkeiten nichtverfassungsrechtlicher Art gegeben, soweit die Streitigkeiten nicht durch Bundesgesetz einem anderen Gericht ausdrücklich zugewiesen sind. Öffentlich-rechtliche Streitigkeiten auf dem Gebiete des Landesrechts können einem anderen Gericht auch durch Landesgesetz zugewiesen werden.“
Die Zuordnung des Schulrechts zum besonderen Verwaltungsrecht und damit zum öffentlichen Recht entscheidet somit auch über die Zuständigkeit der Verwaltungsgerichte für Rechtsstreitigkeiten aus dem Schulverhältnis.

Mit der Aufgabe der Rechtsfigur des besonderen Gewaltverhältnisses (s.o.) fielen auch die aus dieser Auffassung abgeleiteten Einschränkungen des Rechtsschutzes gegenüber schulischen Entscheidungen weg, da nun zahlreichen Maßnahmen ein rechtlicher Charakter zuerkannt wurde, die nach der Lehre vom besonderen Gewaltverhältnis keine Rechtsakte waren. Das gilt beispielsweise für erzieherische Maßnahmen und Ordnungsmaßnahmen wie den vorübergehenden Ausschluß vom Unterricht.

Zwar ist auch heute kein grenzenloser Rechtsschutz gegeben, da Klagen nur zulässig sind, wenn der Kläger geltend machen kann, in seinen Rechten verletzt zu sein. Eine solche Rechtsverletzung fehlt zum Beispiel bei allgemeinen und einfachen Organisationsformen des laufenden Schulbetriebes wie der Einteilung der Schüler zum Tafeldienst.

Außerdem muß ein Rechtsschutzinteresse des Klägers vorliegen. Ein solches Rechtsschutzinteresse fehlt zum Beispiel bei der Klage gegen eine Zeugnisnote, deren Verbesserung keine rechtlichen Folgen für den klagenden Schüler hätte.

Unabhängig von dem der Lehre vom besonderen Gewaltverhältnis zugrundeliegenden besonders engen Verhältnis der Schüler zum Staat sollte aber darüber nachgedacht werden, ob das Ausmaß, in dem der Rechtsschutz mittlerweile ausgedehnt worden ist, dem für Schulen typischen erzieherischen Gemeinschaftsverhältns zwischen Schule, Eltern und Schülern nicht mehr schadet als nützt und damit zu einer Beeinträchtigung der pädagogischen Arbeit führen kann, die mit der Aufgabe der Rechtsfigur des besonderen Gewaltverhältnisses sicherlich nicht beabsichtigt war und wohl überhaupt nicht vorausgesehen worden ist.

b) Der Instanzenzug

Man unterscheidet eine allgemeine und eine besondere Verwaltungsgerichtsbarkeit.
Zur allgemeinen Verwaltungsgerichtsbarkeit gehören die Verwaltungsgerichte, vor denen auch Streitigkeiten aus dem Schulverhältnis ausgetragen werden. Zur besonderen Verwaltungsgerichtsbarkeit gehören die Finanzgerichte, die Sozialgerichte und die Disziplinargerichte.

Die allgemeine Verwaltungsgerichtsbarkeit ist dreistufig aufgebaut. Erste Instanz sind die Verwaltungsgerichte. Bei den Verwaltungsgerichten bestehen Kammern, die mit drei Berufsrichtern und zwei ehrenamtlichen Richtern besetzt sind. Die Kammern entscheiden in der Regel nach einer mündlichen Verhandlung. Bei Beschlüssen außerhalb der mündlichen Verhandlung und bei Vorbescheiden, mit denen unzulässige oder offenbar unbegründete Klagen abgewiesen werden, wirken die ehrenamtlichen Richter nicht mit.

Zweite Instanz sind die Oberverwaltungsgerichte, die in Baden-Württemberg, Bayern und Hessen als Verwaltungsgerichtshöfe bezeichnet werden. Bei den Oberverwaltungsgerichten bzw. Verwaltungsgerichtshöfen bestehen Senate, die mit drei Berufsrichtern besetzt sind. Die Landesgesetzgebung kann vorsehen, daß die Senate in der Besetzung von fünf Richtern entscheiden, von denen zwei auch ehrenamtliche Richter sein können.

Die Oberverwaltungsgerichte bzw. Verwaltungsgerichtshöfe sind bei einigen Rechtsstreitigkeiten erste Instanz, in der Regel aber Berufungsinstanz. Im Berufungsverfahren können neue Tatsachen und Beweismittel vorgebracht werden. Es findet ein erneutes vollständiges Verfahren einschließlich einer erneuten Beweisaufnahme statt. Die Berufungsinstanz ist eine neue Tatsacheninstanz. Die dritte und oberste Instanz ist das Bundesverwaltungsgericht.

Das Bundesverwaltungsgericht entscheidet in Senaten mit fünf Berufsrichtern. Außerhalb der mündlichen Verhandlung werden Entscheidungen von drei Berufsrichtern getroffen.

Das Bundesverwaltungsgericht ist eine Revisionsinstanz. Es prüft angefochtene Urteile lediglich in rechtlicher Hinsicht. Die von den Vorinstanzen ermittelten Tatsachen werden vorausgesetzt. Die Revision kann nur eingelegt werden, wenn das Oberverwaltungsgericht bzw. der Verwaltungsgerichtshof sie zugelassen hat. Eine Revision wird zugelassen, wenn die Rechtssache grundsätzliche Bedeutung hat, wenn das Urteil der zweiten Instanz von einer früheren Entscheidung des Bundesverwaltungsgerichtes abweicht oder wenn ein entscheidungsrelevanter Verfahrensmangel geltend gemacht wird.

Das Bundesverwaltungsgericht soll als Revisionsinstanz die einheitliche Anwendung des Rechtes sichern.

Das Bundesverfassungsgericht ist keine „Superrevisionsinstanz", die die Urteile des Bundesverwaltungsgerichtes auf die richtige Anwendung des Rechtes überprüft, sondern ein Verfassungsgericht, das zum Beispiel mit einer Verfassungsbeschwerde nur angerufen werden kann, wenn die Vereinbarkeit eines Gerichtsurteiles mit dem Verfassungsrecht in Frage steht. Voraussetzung für die Anrufung des Bundesverfassungsgerichtes ist aber in der Regel, daß der Rechtsweg, also bei schulrechtlichen Streitigkeiten der Verwaltungsrechtsweg, ausgeschöpft worden ist.

c) Die Bindungswirkung der Gerichtsurteile

Nicht nur in juristischen Fachzeitschriften, sondern auch in pädagogischen Fachzeitschriften, Publikationen der Lehrerverbände und sogar in Tageszeitungen finden sich immer wieder Hinweise auf Gerichtsurteile zum Schulrecht. Je kürzer über eine Gerichtsentscheidung berichtet wird und je weiter eine Publikation von der Fachwissenschaft entfernt ist, desto kritischer sollten die in einem Zeitungsbericht oder Zeitschriftenartikel dargestellten Anforderungen an rechtmäßiges schulisches Handeln betrachtet werden.

Ein eigenes fundiertes Urteil ist in der Regel nur möglich, wenn man sowohl den Sachverhalt als auch die Entscheidungsgründe sowie eventuelle Leitsätze möglichst vollständig zur Kenntnis genommen hat. Beispielsweise weckt die Überschrift "Lehrer dürfen Schüler schlagen“ sicherlich das Interesse der Leser am folgenden kurzen Zeitungsartikel, verzerrt aber ein Gerichtsurteil, das eine Körperverletzung im Amt verneint hat, da sich ein Lehrer einem Schüler gegenüber in einer Notwehrsituation befunden hat.

Ein sachgemäßer Umgang mit Gerichtsentscheidungen zum Schulrecht setzt nicht nur die möglichst vollständige Kenntnis der jeweiligen Entscheidungen voraus, sondern auch die zutreffende Einschätzung ihres juristischen Stellenwertes.

Gerichtsentscheidungen binden unmittelbar nur die beteiligten Parteien, aber nicht andere Gerichte, die in ihren Entscheidungen grundsätzlich frei sind. Lediglich bestimmte Urteile des Bundesverfassungsgerichtes haben Gesetzeskraft. Eine nicht zu unterschätzende Bindungswirkung der Entscheidungen des Bundesverwaltungsgerichtes ergibt sich aber aus der Möglichkeit, eine Gerichtsentscheidung mit der Revision anzufechten, wenn sie von einer früheren Entscheidung des Bundesverwaltungsgerichtes abweicht. Weicht die Entscheidung eines Verwaltungsgerichtes von einer vergleichbaren Entscheidung des zuständigen Oberverwaltungsgerichtes oder Verwaltungsgerichtshofes ab, wird die unterlegene Partei in die Berufung gehen, um die Entscheidung aufheben zu lassen.

Gerichtsentscheidungen entfalten aber auch unabhängig von der Möglichkeit, Rechtsmittel einzulegen, eine erhebliche faktische Bindungs-

wirkung. Alle Gerichte sind um Rechtssicherheit bemüht. Sie nehmen daher Entscheidungen anderer Gerichte zur Kenntnis, die einen vergleichbaren Fall bereits entschieden haben und beziehen die Entscheidungsgründe des anderen Gerichtes in ihre Entscheidungsfindung mit ein.
Auch Kommentare und Lehrbücher, die von Richtern zu Rate gezogen werden, weisen auf bereits vorliegende Gerichtsentscheidungen hin. In einem Rechtsgebiet wie dem Schulrecht, zu dem noch keine unüberschaubare Zahl verwaltungsgerichtlicher Entscheidungen vorliegt, finden dabei auch häufig Entscheidungen der untersten Instanzen, der Verwaltungsgerichte, Beachtung.

Ein wichtiger Orientierungspunkt bei der juristschen Entscheidungsfindung ist die sogenannte herrschende Meinung, abgekürzt h.M., auf die in Kommentaren und Lehrbüchern immer wieder zur Begründung einer Auffassung verwiesen wird. Als herrschende Meinung werden juristische Auffassungen bezeichnet, die vor allem von den oberen und obersten Instanzen der jeweiligen Gerichtsbarkeit in ständiger Rechtsprechung vertreten werden und in der rechtswissenschaftlichen Literatur überwiegend unterstützt werden. In der herrschenden Meinung spiegelt sich auch die große Bedeutung der Rechtsprechung für die rechtswissenschaftliche Diskussion wider.

Unabhängig von der Bindungswirkung der Gerichtsurteile fördert eine Kenntnis der Entscheidungsgründe schulrechtlicher Gerichtsentscheidungen die Argumentationsfähigkeit bei der Auseinandersetzung mit schulrechtlichen Problemen in der schulischen Praxis.

Schließlich gilt für das Schulrecht ebenso wie für andere Rechtsgebiete, daß sie ohne Kenntnis der Rechtsprechung nur gestützt auf die gesetzlichen Normen und Verwaltungsvorschriften kaum noch richtig verstanden werden können.

d) Die Klagearten und der außergerichtliche Rechtsschutz

Mit welcher Klageart gegen eine schulische Maßnahme vorgegangen werden kann, hängt von der Rechtsnatur dieser Maßnahme ab. Handelt es sich um einen belastenden Verwaltungsakt, können eine Anfechtungs- oder Verpflichtungsklage erhoben werden. Handelt es sich um schlicht-hoheitliches Handeln kommen eine Leistungs- oder Unterlassungsklage in Frage.

Durch die Anfechtungsklage kann die Aufhebung eines belastenden Verwaltungsaktes, zum Beispiel einer Ordnungsmaßnahme, begehrt werden.

Die Verpflichtungsklage ist auf den Erlaß eines abgelehnten oder unterlassenen Verwaltungsaktes, zum Beispiel auf Aufnahme in eine bestimmte Schule, gerichtet. Voraussetzung für diese Klagearten ist das Vorliegen eines Verwaltungsaktes oder die Ablehnung bzw. das Unterlassen eines Verwaltungsaktes (§42 Abs. 1 VwGO), also einer schulischen Maßnahme, die die Rechte und Pflichten der Eltern und Schüler besonders tiefgreifend berührt.

Gem. § 68 VwGO ist vor Erhebung einer Anfechtungs- oder Verpflichtungsklage ein Vorverfahren durchzuführen, in dem die Rechtmäßigkeit und Zweckmäßigkeit des Verwaltungsaktes bzw. die Rechtmäßigkeit und Zweckmäßigkeit der Ablehnung oder Unterlassung eines Verwaltungsaktes nachgeprüft werden.
Dieses Vorverfahren beginnt mit der Erhebung des Widerspruchs durch die betroffenen Bürger. Es wird daher auch Widerspruchsverfahren genannt. Der Widerspruch ist ein außergerichtlicher frist- und formgebundener Rechtsbehelf. Er entfaltet eine aufschiebende Wirkung, d.h. daß die Maßnahme, gegen die sich der Widerspruch richtet, zunächst nicht vollzogen werden kann.

Der Widerspruch kann nur schriftlich oder zur Niederschrift bei der Behörde, die einen Verwaltungsakt erlassen, abgelehnt oder unterlassen hat, eingelegt werden. War der Verwaltungsakt mit einer Rechtsbehelfsbelehrung verbunden, ist der Widerspruch innerhalb eines Monats nach Bekanntgabe zu erheben. Wollen Eltern unter Umständen auch mit einer Klage zum Beispiel gegen eine Nichtversetzung vorgehen, genügt es daher nicht, der Schule telefonisch Bedenken gegen die Rechtmäßigkeit der Entscheidung vorzutragen, sondern der Widerspruch muß schriftlich eingereicht werden, oder die Eltern müssen zur Schule kommen und ihren Widerspruch dort zu Protokoll geben.

Vor einer Leistungs- oder Unterlassungsklage, mit der schlichtes Verwaltungshandeln wie das Schreiben einer Klassenarbeit oder die Unterlassung dieses schlichten Verwaltungshandelns begehrt wird, ist kein Widerspruchsverfahren durchzuführen. Der Kläger muß lediglich wie auch bei den Klagen gegen Verwaltungsakte geltend machen, in seinen Rechten verletzt zu sein (§ 42 Abs. 2 VwGO).

Wegen der verhältnismäßig langen Zeit, die normalerweise vergeht, bevor eine endgültige gerichtliche Entscheidung getroffen wird, können Eltern und Schüler durch Antrag auf

Erlaß einer einstweiligen Anordnung eine vorläufige gerichtliche Regelung in bezug auf den Streitgegenstand erreichen, wenn die Gefahr besteht, daß durch eine Veränderung des bestehenden Zustandes die Verwirklichung eines Rechts des Antragstellers vereitelt oder wesentlich erschwert werden könnte.
Einstweilige Anordnungen sind auch zur Regelung eines vorläufigen Zustandes in bezug auf ein streitiges Rechtsverhältnis zulässig, wenn diese Regelung nötig erscheint, um wesentliche Nachteile abzuwenden (§ 123 Abs. 1 VwGO).

Eltern können daher unter Umständen mit der einstweiligen Anordnung die vorläufige Teilnahme am Unterricht der nächsthöheren Klasse trotz Nichtversetzung erreichen oder das Schreiben einer rechtswidrigen Klassenarbeit vorläufig untersagen lassen.
Eine erfolgreiche einstweilige Anordnung ist allerdings an strenge Voraussetzungen gebunden, zu denen auch die hohe Erfolgswahrscheinlichkeit einer Klage gehört.
Einstweilige Anordnungen dürfen nicht erlassen werden, wenn die aufschiebende Wirkung des Widerspruchs einen ausreichenden vorläufigen Schutz bietet.

Man kann daher nicht mit einer einstweiligen Anordnung gegen eine Ordnungsmaßnahme vorgehen, die wegen der aufschiebenden Wirkung eines eingelegten Widerspruches zunächst nicht vollzogen werden kann.

9. Die Hierarchie der Normen

Stellt sich in der pädagogischen Praxis die Frage nach der schulrechtlichen Beurteilung eines Sachverhaltes, sind häufig mehrere rechtliche Regelungen zu beachten. Möglicherweise sind nicht nur eine, sondern mehrere gesetzliche Vorschriften anzuwenden. Es können außerdem Vorschriften der Schulaufsichtsbehörden vorliegen und gegebenenfalls sind sogar Artikel des Grundgesetzes und der jeweiligen Landesverfassung zu beachten.

Bei der Lösung eines schulrechtlichen Problems kann sich daher die Situation ergeben, daß abhängig von der Regelung, auf die man sich jeweils stützt, die Lösungen unterschiedlich ausfallen. Um ein unverbundenes Neben- oder sogar Gegeneinander rechtlicher Regelungen zu verhindern, muß grundsätzlich entschieden werden, in welchem Verhältnis Grundgesetz, Landesverfassungen, Gesetze und Vorschriften der Schulaufsichtsbehörden zueinander stehen.

Im Verhältnis des Bundesrechtes

zum Landesrecht gilt, daß das Bundesrecht dem Landesrecht übergeordnet ist. Artikel 31 GG formuliert dieses Prinzip sehr anschaulich: „Bundesrecht bricht Landesrecht“. Weil nach Art. 31 GG Bundesrecht Landesrecht bricht, ist ein Gesetz des Bundes auch den Verfassungen der Länder übergeordnet.
Diese Überordnung der Bundesgesetze über die Landesverfassungen ist im Schulrecht allerdings nicht von großer Bedeutung, da das Grundgesetz bei der Regelung der Gesetzgebungskompetenzen von der Kulturhoheit der Länder ausgeht. Ein Bereich, für den der Bund die Gesetzgebungskompetenz hat, ist der Bereich der betrieblichen Ausbildung, der im Berufsbildungsgesetz geregelt ist.

Innerhalb des Bundesrechtes und des Landesrechtes ist die Verfassung die oberste Norm. Sie ist die rechtliche Grundordnung eines Staates, und Änderungen einer Verfassung bedürfen besonderer, qualifizierter Mehrheiten.
Normen der Schulgesetze der Länder müssen sowohl mit der jeweiligen Landesverfassung als auch mit dem Grundgesetz vereinbar sein.
Die Landesverfassungen enthalten unterschiedlich umfangreiche Regelungen zum Schulwesen.
Das Grundgesetz enthält nur wenige Artikel, die sich unmittelbar auf das Schulwesen beziehen. Trotzdem ist es aber vor allem wegen der Geltung der Grundrechte im Schulverhältnis auch schulrechtlich von großer Bedeutung.

Unterhalb der Ebene der Vefassung befinden sich die Gesetze. Gesetz im materiellen Sinne ist jeder abstrakte und generelle Rechtssatz.
Zu den Gesetzen im materiellen Sinne gehören sowohl formelle Gesetze als auch Rechtsverordnungen.
Zu den formellen Gesetzen zählen alle Rechtsnormen, die in einem verfassungsgemäßen Gesetzgebungsverfahren vom parlamentarischen Gesetzgeber geschaffen worden sind. Sie treten mit ihrer Veröffentlichung im jeweiligen Gesetzblatt in Kraft.
Rechtsverordnungen sind Rechtsnormen, die von der Exekutive, im Schulwesen also vom jeweiligen Kultusministerium, auf Grund einer in einem formellen Gesetz enthaltenen Ermächtigung erlassen worden sind. Dabei müssen Inhalt, Zweck und Ausmaß der erteilten Ermächtigung im formellen Gesetz bestimmt werden und die Rechtsgrundlage ist in der Verordnung anzugeben (Art. 80 Abs. 1 GG und die entsprechenden Artikel der Landesverfassungen).

Rechtsverordnungen treten mit ihrer Veröffentlichung im jeweiligen Gesetz- und Verordnungsblatt in Kraft.

Nicht nur der parlamentarische Gesetzgeber, sondern auch die Exekutive kann Gesetze schaffen. Zu den von der Exekutive geschaffenen Gesetzen gehören im Schulrecht häufig die Schulordnungen, zum Beispiel die Allgemeine Schulordnung des Landes Nordrhein-Westfalen.
Es ist sinnvoll, daß die Exekutive innerhalb eines vom parlamentarischen Gesetzgeber gesetzten Rahmens eigene Gesetze schaffen kann, da sich das Parlament nicht mit Detailfragen wie zum Beispiel der in einer Allgemeinen Schulordnung geregelten Frage der Beurlaubung von Schülern befassen kann.

Die Exekutive bedarf aber einer Ermächtigung durch den Gesetzgeber, da es dem Grundsatz der Gewaltenteilung widerspräche, wenn sie unabhängig und nach eigenem Gutdünken Gesetze schaffen könnte. Außerdem kann der parlamentarische Gesetzgeber eine erteilte Ermächtigung jederzeit rückgängig machen und eine Rechtsverordnung durch ein formelles Gesetz ersetzen.

Unterhalb der Gesetzesebene stehen die Verwaltungsvorschriften, die die Schulaufsicht erläßt und die in den jeweiligen Amtsblättern veröffentlicht werden. Verwaltungsvorschriften bedürfen aber im Gegensatz zu Gesetzen nicht der Veröffentlichung, um wirksam zu werden. Die Zahl der unveröffentlichten Verwaltungsvorschriften ist im schulischen Bereich gering. Daß Verwaltungsvorschriften auch ohne Veröffentlichung wirksam werden, ergibt sich aus ihrer Rechtsnatur. Bei Verwaltungsvorschriften handelt es sich nicht wie bei Gesetzen um Rechtsnormen, die die Bürger unmittelbar binden, sondern um behördeninterne Weisungen, die grundsätzlich nur für die Bediensteten einer Behörde verbindlich sind.

Verwaltungsvorschriften sind nicht zuletzt notwendig, um die in vielen Gesetzen und insbesondere in den Schulgesetzen sehr zahlreichen unbestimmten Rechtsbegriffe zu konkretisieren. So kann eine Verwaltungsvorschrift beispielsweise konkretisieren, was unter „wichtigen Gründen“ zu verstehen ist, die bei Beurlaubung eines Schülers vorliegen müssen. Die Schulaufsicht darf unbestimmte Rechtsbegriffe aber nicht nach Belieben auslegen, sondern muß sich unter anderem am Sinn und Zweck der jeweiligen gesetzlichen Regelung orientieren.
Eltern und Schüler können die

Rechtmäßigkeit der Auslegung eines unbestimmten Rechtsbegriffes durch ein Gericht überprüfen lassen, wenn sie sich durch die vorgenommene Auslegung in ihren Rechten verletzt sehen.

Ebenso wie bei der Ausweitung der Zulässigkeit von Klagen gegen schulische Entscheidungen trägt die Rechtsprechung auch durch das Ausmaß der gerichtlichen Überprüfung unbestimmter Rechtsbegriffe zur Verrechtlichung des Schulwesens und des pädagogischen Handelns bei. Die Rechtsprechung geht nämlich davon aus, daß sie die Auslegung eines unbestimmten Rechtsbegriffes durch die Schulaufsicht und die Schule in vollem Umfang überprüfen kann.
Diese umfassende Überprüfungskompetenz kann dazu führen, daß ein Gericht seine eigene Beurteilung eines Sachverhaltes an die Stelle der Beurteilung durch die zuständigen schulischen Behörden setzt, obwohl im allgemeinen davon auszugehen ist, daß die Lehrer, Schulleiter und Schulaufsichtsbeamten über die größere Sachnähe und pädagogische Erfahrung verfügen.

Wünschenswert im Sinne einer Erweiterung pädagogischer Handlungsspielräume wäre eine Beschränkung der Rechtsprechung auf eine Willkürkontrolle. Die Auslegung unbestimmter Rechtsbegriffe durch die Schule sollte nicht durch eine Auslegung des Gerichtes ersetzt werden können, sondern eine Ausfüllung unbestimmter Rechtsbegriffe durch die Schule sollte nur dann gerichtlich aufgehoben werden können, wenn sie offensichtlich willkürlich ist oder gegen wichtige Verfahrensvorschriften verstoßen wurde.

Durch Verwaltungsvorschriften kann ebenso wie durch eine ständige Entscheidungspraxis einer Schule oder Schulaufsichtsbehörde eine Selbstbindung der Verwaltung eintreten, die letztlich auf dem grundgesetzlichen Anspruch der Eltern und Schüler auf Gleichbehandlung beruht. Werden zum Beispiel Schüler regelmäßig zur Teilnahme an sportlichen Wettkämpfen beurlaubt, entsteht ein Rechtsanspruch auf Beurlaubung, von dem sich die Schule nur lösen kann, wenn sie die bisherige Beurlaubungspraxis vollständig aufgibt oder wichtige Gründe für ein Abweichen von der üblichen Praxis im Einzelfall geltend machen kann.

10. Kulturhoheit der Länder und Bundestreue

Aufgrund ihrer Gesetzgebungskompetenz für das Schulwesen

haben die Bundesländer einen großen Gestaltungsspielraum im Schulwesen.
Es besteht daher die Gefahr, daß sich das Schulwesen in den einzelnen Bundesländern weit auseinanderentwickelt. Das im Artikel 20 Abs. 1 GG verankerte Prinzip des Bundesstaates sichert aber nicht nur die Gesetzgebungskompetenz der Länder in bestimmten Bereichen wie dem Schulwesen, sondern verlangt auch eine gewisse Rücksichtnahme der Länder untereinander und auf den Bund, damit ein Mindestmaß an Einheitlichkeit der Lebensverhältnisse gewahrt bleibt (Prinzip der Bundestreue).
Es darf nicht die Situation entstehen, daß Schulabschlüsse, die in einem Land weit verbreitet sind, in keinem anderen Bundesland anerkannt werden, oder daß Familien, die von einem Bundesland in ein anderes umziehen, mit einem völlig anderen Schulwesen konfrontiert werden.

Vor allem die Kultusministerkonferenz bemüht sich um eine Selbstkoordination der Entwicklung des Schulwesens der Länder, um ein eventuelles Eingreifen des Bundes von vornherein auszuschließen. Die Kultusminsterkonferenz hat aber keine Möglichkeiten, ein Land durch Mehrheitsbeschluß zur Übernahme bestimmter Regelungen zu zwingen.

Soweit Gegenstände durch Verwaltungsvorschriften geregelt werden können, können die Kultusminister vereinbaren, entsprechende Verwaltungsvorschriften zu erlassen.

Bedarf es eines Gesetzes zur Regelung eines Sachverhaltes, werden die Beschlüsse der Kultusminsterkonferenz in den einzelnen Ländern erst wirksam, wenn die Länderparlamente entsprechende Gesetze oder Ermächtigungen zum Erlaß einer Rechtsverordnung schaffen. Dazu kann sie die KMK aber durch ihre Beschlüsse nicht verpflichten.

Artikel 91b GG ermöglicht ein Zusammenwirken von Bund und Ländern bei der Bildungsplanung und Forschungsförderung.
Er war Grundlage für die Vereinbarung über die Bund-Länder-Kommission für Bildungsplanung im Jahre 1970, in der Bund und Länder gleichberechtigt vertreten sind. Die BLK entscheidet nicht wie die KMK aufgrund eines Einstimmigkeitsprinzips, sondern mit Dreiviertelmehrheit. Ihre Beschlüsse sind aber lediglich Empfehlungen ohne rechtliche Verbindlichkeit. Der im Jahre 1973 verabschiedete Bildungsgesamtplan ist nicht fortgeschrieben worden.

Dem Scheitern der BLK liegt auch die Erkenntnis zugrunde, daß gerade im Bildungswesen weitreichende technokratische Planbarkeitsvorstellungen verfehlt sind und die durch den Föderalismus geförderte Entwicklung bildungspolitischer Alternativen und die regionale Begrenzung pädagogischer Experimente einer bundesweiten Planung vorzuziehen sind.

Der Koordination der Entwicklung in den Ländern dienen auch die Abkommen der Ministerpräsidenten, die im sogenannten Hamburger Abkommen von 1964 und den folgenden Ergänzungsabkommen grundlegende Fragen wie den Schuljahresbeginn, die Schul- und Klassenbezeichnungen, die Bezeichnung der Notenstufen und die Anerkennung von Abschlüssen bestimmter Schulen geregelt haben.

11. Literaturhinweise zu den Grundlagen des Schulrechts

Lehrbücher, die bundesweit geltende Grundlagen des Schulrechts behandeln:

Böhm, Thomas: *Grundriß des Schulrechts in Deutschland. Neuwied 1993*

Heckel, Hans; Avenarius, Hermann: *Schulrechtskunde. 6. Auflage Neuwied 1986*

Niehues, Norbert: *Schul- und Prüfungsrecht. 2. Auflage, München 1983*

Vogel, Johann Peter: *Das Recht der Schulen und Heime in freier Trägerschaft. 2. Auflage Neuwied 1991*

Lehrbücher zum Schulrecht einzelner Bundesländer:

Elser, Werner; Kramer, Otto: *Grundriß des Schulrechts in Baden-Württemberg. 2. Auflage Neuwied 1987*

Falckenberg, Dieter: *Grundriß des Schulrechts in Bayern. Neuwied 1986*

Eiselt, Gerhard; Heinrich, Wolfgang: *Grundriß des Schulrechts in Berlin. 3. Auflage Neuwied 1991*

Sewerin, Werner: *Grundriß des Schulrechts in Hessen. 3. Auflage Neuwied 1985*

Barth, Friedrich W. u.a.: *Grundriß des Schulrechts in Niedersachsen. 4. Auflage Neuwied 1991*

Jülich, Christian: *Grundriß des Schulrechts in Nordrhein-Westfalen. Neuwied 1986*

Loseblattsammlungen von Gerichtsentscheidungen:

Knudsen, Holger (Hrsg.): *Ergänzbare Sammlung schul- und prüfungsrechtlicher Entscheidungen (SPE) (Neue Folge). 3 Ordner Neuwied*

II Fragen und Fälle zum Schulrecht

Die folgenden Fragen und Fälle beruhen auf Vorfällen, die sich in Schulen ereignet haben und bei denen Lehrer einen schulrechtlichen Klärungsbedarf gesehen haben, oder auf aktuellen Gerichtsentscheidungen.

Die „Fragen und Fälle zum Schulrecht" können im Rahmen dieses Kleinen Schulrechtsführers nicht bestimmte Teilbereiche des Schulrechts wie zum Beispiel die Erziehungs- und Ordnungsmaßnahmen umfassend darstellen oder auch nur ausnahmslos alle Teilbereiche des Schulrechts kurz ansprechen. Sie können aber einen Einblick geben in die Fülle und den unterschiedlichen Charakter der schulrechtlichen Fragestellungen und bei aller gebotenen Kürze der Darstellung einen Eindruck vermitteln von der Vorgehensweise bei der Lösung schulrechtlicher Fälle.

1. Welche rechtlichen Sanktionen stehen bei tätlichen Angriffen auf Lehrer zur Verfügung ?

Die zunehmende Gewaltbereitschaft bei Schülern spiegelt sich nicht nur in Auseinandersetzungen zwischen Schülern, sondern auch in Angriffen auf Lehrer wider.
Am Beispiel des folgenden Falles sollen mögliche straf- und schulrechtliche Sanktionen dargestellt werden, um auf rechtliche Grenzen pädagogischer Reaktionen hinzuweisen, vor allem aber um rechtlich gesicherte pädagogische Handlungsmöglichkeiten aufzuzeigen.

Fall:
Nach Schulschluß verläßt eine Lehrerin das Schulgelände. An der einige hundert Meter entfernten Straßenbahnhaltestelle versetzt ihr ein 15jähriger Schüler mit den Worten „Vielen Dank für die Deutschnote." eine heftige Ohrfeige.

Strafrechtliche Sanktionen

Die Ohrfeige ist eine Körperverletzung im Sinne des § 223 Absatz 1 des Strafgesetzbuches (StGB), da sie eine üble, unangemessene Behandlung darstellt, durch die die Lehrerin in ihrem körperlichen Wohlbefinden in mehr als nur unerheblichem Grade beeinträchtigt wird.
Nicht als Körperverletzung einzustufen wäre lediglich eine „symbolische" Ohrfeige, bei der die Wange kaum berührt wird.
Die Ohrfeige kann zudem eine tätliche Beleidigung im Sinne des § 185 StGB sein, wenn sie als eine öffentliche Kundgabe der Mißachtung einer Person anzusehen ist.
Ein Schüler, der einem Lehrer eine Ohrfeige als „Bestrafung" für eine schlechte Note oder andere päd-

agogische Maßnahmen versetzt, behandelt den Lehrer wie allenfalls Eltern ein ungezogenes minderjähriges Kind behandeln dürfen. Die Ohrfeige ist daher eine tätliche Beleidigung.

Schüler müssen strafmündig sein, um für von ihnen begangene Straftaten zur Verantwortung gezogen werden zu können. Wer zur Zeit der Tat noch nicht 14 Jahre alt ist, ist strafunmündig. In diesen Fällen kann das Eingreifen des Vormundschaftsgerichtes notwendig werden. Zwischen dem vollendeten 14. und dem 18. Lebensjahr sind Jugendliche bedingt strafmündig.
Eine strafrechtliche Ahndung ihres Verhaltens setzt voraus, daß sie nach ihrer sittlichen und geistigen Entwicklung reif genug sind, das Unrecht der Tat einzusehen und nach dieser Einsicht zu handeln. Bei einem normal entwickelten 15jährigen Schüler ist davon auszugehen, daß er einsieht, daß es Unrecht ist, eine Lehrerin zu ohrfeigen.

Die leichte Körperverletzung und die Beleidigung gehören zu den Antragsdelikten. Sie werden daher nur verfolgt, wenn der durch die Straftaten Verletzte schriftlich gegenüber den Strafverfolgungsbehörden erklärt, daß er eine Strafverfolgung wünscht. Auch der Dienstvorgesetzte eines Beamten ist berechtigt, bei Körperverletzung und Beleidigung Strafantrag zu stellen, wenn die Tat während der Ausübung des Dienstes oder in Beziehung zum Dienst begangen wurde.

Die Lehrerin hatte das Schulgelände nach Dienstschluß verlassen, die Tat wurde daher nicht während der Ausübung des Dienstes begangen. Die Äußerung des Schülers „Vielen Dank für die Deutschnote." zeigt aber deutlich, daß die Tat in Beziehung zum Dienst begangen wurde. Der Dienstvorgesetzte hat daher das Recht, Strafantrag zu stellen, und die Lehrerin sollte ihn auf die Tat aufmerksam machen, damit er gegebenenfalls zu ihrem Schutz und zum Schutze anderer Lehrer von seinem Antragsrecht Gebrauch machen kann.

Die Staatsanwaltschaft erhebt bei leichter Körperverletzung und Beleidigung nur Anklage, falls das im öffentlichen Interesse liegt.
Erhebt die Staatsanwaltschaft keine Anklage, kann der Verletzte Privatklage zu Protokoll der Geschäftsstelle des Gerichtes oder durch Einreichung einer Anklageschrift bei Gericht erheben.
Eröffnet das Gericht das Hauptverfahren, übernimmt der Privatkläger weitgehend die Funktion eines Staatsanwaltes. Die Privatklage ist in den meisten Fällen aber erst zu-

lässig, nachdem ein erfolgloser Sühneversuch vor einer Vergleichsbehörde (i. d. R. dem Schiedsmann) gescheitert ist.

Wenn ein Beamter vor Gericht über Angelegenheiten aussagen soll, die der Amtsverschwiegenheit unterliegen, benötigt er eine Aussagegenehmigung, die grundsätzlich von der vernehmenden Behörde oder dem Gericht einzuholen ist.
Im vorliegenden Fall kann es schon zweifelhaft sein, ob es sich um eine Angelegenheit handelt, die der Amtsverschwiegenheit unterliegt.
Trotzdem sollte die Lehrerin sich bei ihrem Dienstvorgesetzten nach einer eventuell notwendigen Aussagegenehmigung erkundigen.
Der Dienstvorgesetzte muß die Genehmigung für Aussagen vor Gericht erteilen, es sei denn, es lägen bestimmte in den Beamtengesetzen aufgeführte Ablehnungsgründe vor, deren Vorliegen aber im schulischen Bereich kaum denkbar ist.

Erziehungs- und Ordnungsmaßnahmen

Neben den strafrechtlichen Sanktionen können auch schulische Erziehungs- oder Ordnungsmaßnahmen ergriffen werden.
Eine Strafmündigkeit der Schüler ist dabei nicht erforderlich, da es sich bei diesen Maßnahmen nicht um strafrechtliche Sanktionen handelt.
Ihre Anwendung verstößt auch nicht gegen das rechtsstaatliche Verbot der Doppelbestrafung, da sie einen anderen Zweck als gerichtlich verhängte Strafen verfolgen. Sie dienen nicht vorrangig der Sühne und Vergeltung begangenen Unrechts, sondern der Sicherung einer geordneten Bildungs- und Erziehungsarbeit der Schule und dem Schutz von Personen und Sachen.

Erziehungs- und Ordnungsmaßnahmen beziehen sich auf den schulischen Bereich. Wegen eines privaten Fehlverhaltens darf die Schule keine Ordnungsmaßnahmen ergreifen.
Zum schulischen Bereich gehören aber nicht nur Ereignisse während der Unterrichtszeit auf dem Schulgelände und während anderer Schulveranstaltungen, sondern auch außerschulisches Verhalten eines Schülers, durch das die Erfüllung der Aufgaben der Schule unmittelbar gefährdet wird wie zum Beispiel ein Aufruf zum Unterrichtsboykott.
Das Motiv für die Ohrfeige liegt ausschließlich im schulischen Bereich. Das Fehlverhalten des Schülers kann auch unmittelbare schwerwiegende Auswirkungen auf die Schule haben, wenn Lehrer wegen ihrer dienstlichen Tätigkeit mit körperlichen Angriffen und Beleidigungen rechnen müssen und andere Schü-

ler eventuell zur Nachahmung veranlaßt werden.
Der Schüler hat daher mit seinem Verhalten die Erfüllung der Aufgabe der Schule gefährdet. Das würde auch für eine Ohrfeige am Nachmittag, also in größerem zeitlichen und räumlichen Abstand zur Schule als im vorliegenden Fall, gelten, wenn ein eindeutiger Zusammenhang mit der Schule besteht und eine unmittelbare Gefährdung der Aufgabe der Schule gegeben ist.

Für die Verhängung von Ordnungsmaßnahmen sehen die Schulgesetze der Länder ein förmliches Verfahren vor.

Bei jeder Erziehungsmaßnahme, die kein förmliches Verfahren erfordert, und jeder Ordnungsmaßnahme ist mit besonderer Sorgfalt die Verhältnismäßigkeit der Maßnahme zu prüfen.
Angesichts der im vorliegenden Fall gegebenen erheblichen Gefährdung des Bildungs- und Erziehungsauftrages der Schule und der Verantwortung der Schule für den Schutz der Lehrer und der Schüler vor körperlichen Angriffen und Beleidigungen, die im Zusammenhang mit der schulischen Tätigkeit stehen, wird im vorliegenden Fall die Verhängung einer schwerwiegenden Ordnungsmaßnahme wie der Androhung der Entlassung von der Schule zu erwägen sein, über deren Verhältnismäßigkeit abschließend aber nur im konkreten Einzelfall auch unter Berücksichtigung des bisherigen Verhaltens des betroffenen Schülers entschieden werden kann.

2. „Ein Neuntkläßler provoziert mich durch Herumwerfen von Gegenständen seiner Mitschüler im Klassenzimmer. Als ich ihn ermahne, lacht er nur und gibt patzige Antworten. Ich verliere die Nerven und ohrfeige den Schüler. Der Vater des Schülers zeigt mich wegen Körperverletzung an...

Welche Folgen hat dies für mich?"

Die körperliche Züchtigung ist in allen Bundesländern verboten.
Der Begriff der körperlichen Züchtigung sollte eine natürliche Eingrenzung durch das allgemeine Sinnverständnis des Wortes erfahren (so auch Heckel/Avenarius: Schulrechtskunde. 6. Aufl. 1986, S. 389).
„Ein leichter Klaps, ein leichter Griff an die Schulter, ein leichtes Knuffen des unaufmerksamen Schülers sind nicht als Züchtigung anzusehen." (a.a.O.) Als körperliche Züchtigung sind nur Handlungen anzusehen, die eine Körperverletzung im Amt darstellen.

Körperverletzung ist eine körperliche Mißhandlung oder Beschädigung der Gesundheit.
Die Rechtsprechung definiert die körperliche Mißhandlung als eine üble, unangemessene Behandlung, durch die das Opfer in seinem körperlichen Wohlbefinden in mehr als nur unerheblichem Grade beeinträchtigt wird.

Im vorliegenden Fall ist daher zunächst festzustellen, ob die Ohrfeige eine üble, unangemessene Behandlung war, durch die der Schüler in seinem körperlichen Wohlbefinden in mehr als nur unerheblichem Grade beeinträchtigt wurde.
Angesichts der offenbar heftigen emotionalen Reaktion des Lehrers ist davon auszugehen, daß es sich nicht um einen oder mehrere leichte Klapse, sondern um Ohrfeigen gehandelt hat, die schwerwiegend genug waren, um den Schüler in seinem körperlichen Wohlbefinden in mehr als nur unerheblichem Grade zu beeinträchtigen.
Es liegt daher sowohl eine Körperverletzung im Amt als auch eine verbotene körperliche Züchtigung vor.

Die Anzeige des Vaters löst Ermittlungen der Staatsanwaltschaft aus. Die Staatsanwaltschaft hat die Möglichkeit, das Verfahren wegen fehlenden öffentlichen Interesses an einer Anklageerhebung einzustellen.

Im vorliegenden Fall erscheint eine solche Einstellung des Verfahrens durchaus als möglich. Der Vater wäre dann darauf verwiesen, eine Privatklage zu erheben. Das Gericht kann allerdings bei geringer Schuld des Täters - für die im obigen Fall einiges spricht - das Verfahren einstellen.

Unabhängig von einer strafrechtlichen Verfolgung kann die Schulaufsicht das Verhalten des Lehrers als Dienstvergehen ahnden. Ob und wie das geschieht, hängt von den konkreten Umständen des Einzelfalles, aber auch vom bisherigen dienstlichen Verhalten des Lehrers ab.

Eine Körperverletzung und körperliche Züchtigung kann gerechtfertigt sein, wenn ein Lehrer in Notwehr oder Nothilfe handelt, um einen Angriff von sich oder einem Schüler abzuwehren. Im obigen Fall gibt es keine Hinweise auf das Vorliegen eines der genannten Rechtfertigungsgründe.

3. „Bei der Pausenhofaufsicht kommt es zu einer Schlägerei zwischen Schülern. Ein Schüler der neunten Klasse schlägt und tritt einen Schüler der siebenten Klasse.

Wie darf ich eingreifen?"

Die Schule muß Schüler in ihrem Bereich vor Schädigungen schützen. Sie muß daher verhindern, daß es zu Schlägereien oder anderen körperlichen Auseinandersetzungen zwischen Schülern kommt, oder sie muß solche Auseinandersetzungen so schnell wie möglich beenden.

In der geschilderten Situation einer Schlägerei, bei der ein Schüler einen anderen Schüler angreift, muß der aufsichtführende Lehrer schon bei den ersten Anzeichen eines ernsthaften Konfliktes eingreifen.

Ist es bereits zu Tätlichkeiten gekommen und befolgen die Schüler eine Weisung, die Auseinandersetzungen sofort zu beenden, nicht, können Lehrer auch unter Einsatz körperlicher Gewalt gegen Schüler vorgehen.

Greift wie im geschilderten Fall ein Schüler einen anderen an, kann eine Ohrfeige oder ein Faustschlag, den der Lehrer dem Angreifer versetzt, eine durch Nothilfe gebotene Tat sein, die nicht rechtswidrig ist. Wendet sich der Angreifer daraufhin gegen den Lehrer, befindet dieser sich in einer Notwehrsituation.

Notwehr oder Nothilfe ist diejenige Verteidigung, welche erforderlich ist, um einen gegenwärtigen rechtswidrigen Angriff von sich oder einem anderen abzuwehren. Der Angriff muß gegenwärtig sein, also unmittelbar bevorstehen, gerade stattfinden oder noch andauern.

Bei einer Schlägerei liegt ein gerade stattfindender oder noch andauernder Angriff vor. Ein unmittelbar bevorstehender Angriff läge vor, wenn einer der beteiligten Schüler die Faust zum Schlag gegen den eingreifenden Lehrer erheben würde.

Die Verteidigungshandlung muß erforderlich sein, das heißt, Art und Intensität der Verteidigungsmaßnahme müssen in einem angemessenen Verhältnis zum Angriff stehen. Das Notwehrrecht entfällt aber erst bei einem extremen Mißverhältnis zwischen dem zu verteidigenden Rechtsgut und dem zu opfernden Rechtsgut des Angreifers. Einen Angriff mit Faustschlägen darf man daher auch durch Einsatz eines Messers abwehren.

In der Schule ist allerdings zu berücksichtigen, daß ausgebildete Pädagogen Kindern oder Jugendlichen, die ihnen zur Erziehung anvertraut wurden, gegenüberstehen.

Hier sind daher an die Erforderlichkeit der Verteidigungshandlung strengere Maßstäbe anzulegen.
Der Schutz der Schüler vor gewalttätigen Mitschülern muß aber in jedem Fall Vorrang vor einer möglichen Beeinträchtigung der Rechtsgüter gewalttätiger Schüler haben.

Notwehr oder Nothilfe rechtfertigen aber keine Ohrfeigen oder Schläge nach Beendigung des Angriffes, die der Bestrafung des Angreifers dienen sollen.

Ist der Angriff beendet, gilt das Verbot körperlicher Züchtigung, und die Schule ist auf erzieherische Maßnahmen und Ordnungsmaßnahmen verwiesen, um die ihr anvertrauten Schüler vor gewalttätigen Mitschülern zu schützen.

Körperliche Angriffe von seiten der Lehrer auf Schüler können auch durch eine Notstandssituation gerechtfertigt sein. In einer Notstandssituation muß das geschützte Rechtsgut das beeinträchtigte wesentlich überwiegen.

Eine Notstandssituation ist zum Beispiel gegeben, wenn der Lehrer Schüler, die sich prügelnde Schüler umringen und sich trotz Aufforderung nicht entfernt haben, mit Gewalt zur Seite zieht, um die Schlägerei schnell beenden zu können.

4. Wer übt das Hausrecht in der Schule aus?

Das unbefugte Betreten des Schulgeländes gewinnt eine besondere Brisanz, wenn es sich, wie zunehmend zu beobachten ist, um das gezielte Eindringen von Gruppen Jugendlicher handelt.

Fall:
Während des Unterrichtes betritt eine Gruppe von fünf Jugendlichen den Klassenraum und fordert einen Schüler auf, sofort mitzukommen. Als der Schüler sich weigert, werden ihm Prügel angedroht.

Der anwesende Lehrer fordert die Jugendlichen auf, den Raum und die Schule zu verlassen, anderenfalls werde er die Polizei holen. Die Gruppe umringt daraufhin den Schüler und stellt ihm ein „Ultimatum“. Nach kurzem Zögern verläßt der Schüler mit der Gruppe den Raum.

Der Lehrer läuft daraufhin in das Sekretariat und ruft telefonisch die Polizei.

Der danach unverzüglich informierte Schulleiter tadelt den Lehrer mit den Worten: „Es ist nichts zerstört und niemand verletzt worden, und die privaten Auseinandersetzungen außerhalb der Schule gehen uns nichts an. Außerdem sind Sie nicht berechtigt, die Polizei zu rufen.“

Das Hausrecht

Ein Hausrecht gibt es nicht nur an Privatgebäuden und befriedetem Besitztum (zum Beispiel eingezäunter Garten), sondern auch an öffentlichen Grundstücken und Gebäuden.
Das Hausrecht steht dem Eigentümer zu, der einem anderen die Ausübung übertragen kann. Auf dem Schulgrundstück übt der Schulleiter im Auftrag des Schulträgers, also im Regelfall der Gemeinde, das Hausrecht aus. Er ist dabei an Anordnungen des Schulträgers gebunden.

Lehrer üben stellvertretend für den Schulleiter in den Bereichen das Hausrecht aus, in denen sie dienstlich tätig sind und für die sie die unmittelbare Verantwortung, zum Beispiel im Rahmen der Aufsichtspflicht, tragen.
Soweit weder Schulleiter noch Lehrer anwesend bzw. erreichbar sind, übt in der Regel der Hausmeister das Hausrecht aus.

Hausfriedensbruch und Strafantrag

Eine Verletzung des Hausrechtes ist gem. § 123 Strafgesetzbuch (StGB) strafbar. Hausfriedensbruch begeht, wer widerrechtlich in das Schulgebäude oder in das abgegrenzte Schulgrundstück eindringt oder dort trotz der Aufforderung des Berechtigten, sich zu entfernen, verweilt.

Im geschilderten Fall dürfte ein Hausfriedensbruch bereits vorgelegen haben, als die Jugendlichen die Schule und den Klassenraum trotz eines offensichtlich entgegenstehenden Willens des Eigentümers betreten haben, um einen Schüler an der Erfüllung seiner Pflicht, am Unterricht teilzunehmen, zu hindern und eine weitere Straftat, eine Nötigung gem. § 240 StGB zu begehen, indem sie den Schüler durch die Androhung von Gewalt gegen seinen Willen zum Verlassen der Schule nötigen.

Zweifelsfrei liegt ein Hausfriedensbruch vor, als die Jugendlichen der Aufforderung des Lehrers, den Raum und die Schule zu verlassen, nicht sofort nachgekommen sind, da der Lehrer in seinem Bereich das Hausrecht ausübt und wegen der unmittelbaren Gefahr eine sofortige Entscheidung erforderlich war, da es unmöglich war, eine Entscheidung des Schulleiters abzuwarten.
Wegen der Notwendigkeit, ohne jeden Zeitverlust die Gefahr abzuwenden, war der Lehrer auch befugt, selbst die Polizei zu rufen, obwohl die Einschaltung anderer Behörden grundsätzlich nicht in die Zuständigkeit der Lehrer, sondern in die des Schulleiters fällt.

Der Hausfriedensbruch wird nur auf Strafantrag verfolgt. Den Strafantrag kann nur der Schulleiter nach Rücksprache mit dem Schulträger stellen.

Zu den Dienstpflichten des Schulleiters und der Lehrer gehört es, Schüler in der Schule vor Schaden zu bewahren und dafür zu sorgen, daß die Schule ihren Bildungs- und Erziehungsauftrag erfüllen kann.
Zur Erfüllung dieser Aufgabe gehört auch die Wahrnehmung des Hausrechtes zur Abwehr von außen kommender Störungen des Schulbetriebes.
Aus den Dienstpflichten ergibt sich nicht in jedem Fall die Verpflichtung, einen Strafantrag bei erfolgtem Hausfriedensbruch zu stellen.
Vielmehr muß der Schulleiter in jedem Einzelfall unter Berücksichtigung der konkreten Umstände eine Entscheidung treffen.

Angesichts der Schwere des im vorliegenden Fall begangenen Hausfriedensbruches, der erheblichen Gefährdung des Unterrichts- und Erziehungsauftrages der Schule, der Nötigung eines Schülers und der für den Schüler mit dem erzwungenen Verlassen der Schule verbundenen Gefahren ist im vorliegenden Fall ein Strafantrag dringend erforderlich.
Der betroffene Lehrer sollte daher Schulaufsicht und Schulträger um eine Überprüfung der Entscheidung des Schulleiters bitten.
Sehen sich die Eltern des betroffenen Schülers durch die Entscheidung des Schulleiters in ihren Rechten verletzt, können sie eine Beschwerde einreichen.

5. Können Erziehungs- und Ordnungsmaßnahmen nur bei einem Fehlverhalten ergriffen werden, das ausdrücklich zum Beispiel in einer Schulordnung untersagt ist?

Fall:
Zwei dreizehnjährige Schüler bringen Silvesterraketen mit in die Schule und zünden in der Pause mehrere Raketen im Klassenraum.
Ein Lehrer, der den Vorgang beobachtet hat, überzeugt sich davon, daß keine weiteren Raketen oder Knallkörper vorhanden sind, unternimmt aber ansonsten nichts, da es keine Verletzten und keinen Sachschaden gegeben hat und die Schüler ihm erklärt haben, sie hätten nicht gewußt, daß man Silvesterraketen nicht mit in die Schule bringen und dort zünden dürfe, zumal ein solches Verbot in der Schulordnung nicht enthalten sei.

Rechte und Pflichten der Schüler

Die Rechte und Pflichten der Schüler legen die Gesetze und Rechtsverordnungen des jeweiligen Bundeslandes fest.

An vielen Schulen gibt es zudem Haus- und Schulordnungen, die im Rahmen der Gesetze die Benutzung des Schulgebäudes und -geländes sowie Einzelheiten der schulischen Ordnung regeln.
Weder in den Gesetzen, noch in den Haus- und Schulordnungen wird man eine Vorschrift finden, die es ausdrücklich verbietet, Silvesterraketen mit in die Schule zu bringen und dort zu zünden.

Das Verbot eines solchen Verhaltens ergibt sich aber aus allgemeinen Regelungen, die es zum Beispiel untersagen, gefährliche Gegenstände mit in die Schule zu bringen oder wie § 3 Abs. 4 Nr. 3 und 4 der Allgemeinen Schulordnung Nordrhein-Westfalens den Schüler verpflichten, „alles zu unterlassen, was eine geordnete Unterrichts- und Erziehungsarbeit der von ihm besuchten ... Schule ... beeinträchtigt“ und „die schulischen Anlagen, Einrichtungen und Gegenstände pfleglich zu behandeln“.
Das Verhalten der Schüler verstößt daher auch dann eindeutig gegen die schulische Ordnung, wenn ein ausdrückliches Verbot, Silvesterraketen zu zünden, fehlt.

Ein schwerer Verstoß gegen die schulische Ordnung kann auch dann vorliegen, wenn niemand verletzt wurde und kein Sachschaden eingetreten ist. Personen- und Sachschäden würden aber die Frage aufwerfen, ob neben den schulischen Maßnahmen zusätzlich straf- und zivilrechtliche Folgen eintreten.

Erziehungsmittel und Ordnungsmaßnahmen

Bei Verstößen gegen die Schulordnung können Erziehungsmittel oder Ordnungsmaßnahmen angewandt werden. Die Erziehungsmittel sind in den Schulgesetzen nicht abschließend aufgezählt, ihre Zahl ist daher unbegrenzt.
Ihre Art hängt von den pädagogischen Vorstellungen der einzelnen Lehrer und der Schule ab. Zu ihnen gehören zum Beispiel der Tadel, die Mitteilung an die Eltern und der Ausschluß von der laufenden Unterrichtsstunde. Erziehungsmittel können alle Lehrer in eigener Verantwortung wählen.

Ordnungsmaßnahmen sind dagegen in den Gesetzen abschließend aufgezählt und werden aufgrund von Konferenzentscheidungen in einem vorgeschriebenen Verfahren verhängt. Zu ihnen gehören beispielsweise der Ausschluß vom Unterricht für einen längeren Zeitraum (zum Beispiel von einem Tag bis zu zwei Wochen) oder die Überweisung in eine parallele Klasse.

Wie bereits oben dargelegt sind Erziehungsmittel und Ordnungsmaßnahmen keine Sanktionen, die mit den von Strafgerichten verhängten Strafen vergleichbar wären.

Die Strafmündigkeit der Schüler, die mit dem vollendeten 14. Lebensjahr beginnt, ist daher keine Voraussetzung für die Verhängung dieser Maßnahmen.
Allerdings müssen die Schüler für ihr Verhalten überhaupt verantwortlich gemacht werden können, also zum Beispiel erkennen können, daß sie gegen die schulische Ordnung verstoßen.
Im vorliegenden Fall ist davon auszugehen, daß dreizehnjährige Schüler ohne weiteres erkennen können, daß das Zünden von Silvesterraketen in einem Klassenraum der schulischen Ordnung widerspricht und eine Gefahr für Mitschüler und schulische Einrichtungen schafft.
Sollten sie darüber nicht nachgedacht haben, dienen ein Erziehungsmittel oder eine Ordnungsmaßnahme dazu, sie zu einer stärkeren Berücksichtigung der schulischen Ordnung und des Schutzes anderer Personen und fremder Sachen anzuhalten.

Erziehungsmittel und Ordnungsmaßnahmen sollen aber nicht nur eine Verhaltensänderung der Betroffenen herbeiführen, sondern auch die Mitschüler von vergleichbarem Fehlverhalten abhalten.

Ermessensentscheidung

Es gibt keine rechtlichen Regelungen, die bei bestimmten Verstößen gegen die schulische Ordnung bestimmte Maßnahmen vorschreiben, da solche zwingenden Vorschriften pädagogisch sinnvolle Reaktionen, die die Eigenarten der beteiligten Personen und die Besonderheiten bestimmter Situationen berücksichtigen müssen, unmöglich machen würden.

Die Vorschriften, die Lehrer oder Konferenzen ermächtigen, bestimmte Erziehungs- oder Ordnungsmaßnahmen zu ergreifen, eröffnen vielmehr einen Ermessensspielraum, der es aber nicht gestattet, nach Belieben zu handeln oder nicht zu handeln, sondern verlangt, eine sachlich begründete Entscheidung zwischen Handlungsalternativen zu treffen.

Das Zünden von Silvesterraketen in einem Klassenraum ist ein schwerer Verstoß gegen die schulische Ordnung.
Das Unterlassen jedweder Reaktion mit der Gedankenlosigkeit der beteiligten Schüler und der Tatsache, daß keine straf- oder zivilrechtlich bedeutsamen Folgen eingetreten sind, zu begründen, ist sachlich nicht haltbar und wird dem schulischen

Erziehungsauftrag nicht gerecht.
Die getroffene Ermessensentscheidung beruht auf einer fehlerhaften Begründung. Klassenlehrer und Schulleiter müssen daher für eine angemessene Reaktion auf das Fehlverhalten sorgen.

6. „Ein Schüler stört ständig den Unterricht. Ich schicke ihn vor die Tür. Er bleibt dort nicht, stolpert auf der Treppe und verletzt sich.

Kann ich dafür zur Verantwortung gezogen werden?"

Situationen, in denen möglicherweise die Aufsichtspflicht verletzt wurde, können rechtlich nur beurteilt werden, wenn möglichst viele rechtserhebliche Einzelheiten bekannt sind.
Zu den wichtigsten rechtserheblichen Einzelheiten gehören Alter, Einsichtsfähigkeit und Verantwortungsbewußtsein der zu beaufsichtigenden Schüler.

Im vorliegenden Fall wäre daher zunächst die Frage zu stellen, wie alt der Schüler war und wie seine Einsichtsfähigkeit und sein Verantwortungsbewußtsein auf Grund der bisher mit ihm gemachten Erfahrungen einzuschätzen sind.
Dabei kann es keine starren Altersgrenzen geben. Eine Regel, daß man Grundschüler nicht vor die Tür stellen darf, wäre zum Beispiel nicht sinnvoll, da die Einsichtsfähigkeit eines achtjährigen Grundschülers durchaus größer sein kann als die eines elfjährigen Gesamtschülers.

Welche Tatsachen außer den genannten Eigenschaften der Schüler in Aufsichtssituationen rechtserheblich sind, kann man feststellen, indem man Aufsichtssituationen mit Hilfe dreier Kriterien überprüft, die die Rechtsprechung entwickelt hat (ausführliche Fallbeispiele zur Aufsicht in: Thomas Böhm: Schulrechtliche Fallbearbeitungen für Pädagogen. Neuwied 1991).

Danach muß eine rechtmäßige Aufsicht kontinuierlich, präventiv und aktiv geführt werden. Am Beispiel der vorliegenden Frage soll das Merkmal der kontinuierlichen Aufsicht dargestellt werden. Die präventive und aktive Aufsicht werden anhand der beiden folgenden Fragen erläutert.

Kontinuierliche Aufsicht kann nicht bedeuten, daß aufsichtsführende Lehrer jederzeit jeden Schüler beobachten. Eine solche Anforderung könnte in der Praxis gar nicht erfüllt werden und kann daher auch rechtlich nicht geboten sein.
Kontinuierliche Aufsicht bedeutet,

daß die Schüler sich nicht unbeaufsichtigt fühlen dürfen.
Gegen das Gebot der kontinuierlichen Aufsicht wird beispielsweise verstoßen, wenn Schüler wissen, daß die Aufsicht auf dem Schulhof bestimmte Teile des Schulhofes überhaupt nicht kontrolliert oder wenn ein Lehrer die Klasse mit den Worten verläßt: „Ich bin in 15 Minuten zurück. Benehmt Euch anständig!", ohne zum Beispiel eine in der Nachbarklasse unterrichtende Kollegin darum zu bitten, zwischenzeitlich zu kontrollieren, ob die Klasse sich diszipliniert verhält.

Es gibt in der Schule allerdings immer wieder Situationen, in denen Schüler wissen, daß sie für eine bestimmte Zeit nicht beaufsichtigt werden. Das kann für den Weg vom Schulhof in die Klassenräume gelten oder bei der Erfüllung bestimmter Aufträge wie der Weisung, beim Hausmeister Kreide zu holen.
In diesen Situationen wird nicht gegen die Kontinuität der Aufsicht verstoßen, da die Schule auch zur Selbständigkeit erziehen soll.
Diesem Erziehungsziel widerspräche eine lückenlose Beaufsichtigung der Schüler.

Die im obigen Fall ausgesprochene Weisung, sich vor die Tür zu stellen, verstößt nicht gegen den Grundsatz der kontinuierlichen Aufsicht, da der betroffene Schüler der Weisung nicht entnehmen konnte, daß er sich für eine gewisse Dauer mit Sicherheit unbeaufsichtigt fühlen durfte.
Vielmehr mußte der Schüler damit rechnen, daß der Lehrer jederzeit, zu einem für ihn nicht vorhersehbaren Zeitpunkt die Tür öffnen würde, um sich entweder davon zu überzeugen, daß der Schüler noch vor der Tür stand oder um ihn in die Klasse zurückzuholen.

7. „Während einer Klassenfahrt verlassen zwei 13jährige Schülerinnen am Nachmittag ohne mein Wissen den Klassenverband. Eine der beiden wird beim Diebstahl im Supermarkt erwischt.

Habe ich meine Aufsichtspflicht verletzt ?"

Entscheidend für die Beurteilung des Falles ist die Frage, ob dem Erfordernis der präventiven Aufsichtsführung genügt wurde.
Präventive Aufsicht bedeutet, daß Aufsichtspersonen sich bemühen müssen, mögliche Gefahren zu erkennen.
Ein Verstoß gegen das Erfordernis der präventiven Aufsichtsführung liegt vor, wenn man eine bestimmte Gefahr bei zumutbarer Anstrengung

und bei Beachtung der in Aufsichtssituationen erforderlichen Sorgfalt hätte erkennen können.

Zur präventiven Aufsicht gehört es beispielsweise, sich Gedanken über die auf einem zurückzulegenden Weg drohenden Gefahren zu machen.
Bei bestimmten besonders gefahrgeneigten Aktivitäten wie einer Bergwanderung, einer Skifreizeit oder dem Aufenthalt auf einem Reiterhof sind Auskünfte bei den zuständigen Stellen über mögliche Gefahren und notwendige Vorsichtsmaßnahmen einzuholen.
Es kann erforderlich sein, einen Weg vorher abzugehen oder eine Skiabfahrt zunächst auf besonders gefährliche Stellen zu überprüfen. Hinweisen auf mögliche Gefahren etwa nach einem Sturm oder wegen kürzlich eingerichteter Baustellen muß nachgegangen werden.

Die Prävention bezieht sich aber nicht nur auf die äußeren Umstände, sondern auch auf die Persönlichkeit einzelner Schüler und die Eigenart bestimmter Schülergruppen. Eine Aktivität, die mit einer bestimmten Schülergruppe als verhältnismäßig ungefährlich eingeschätzt werden kann, ist bei einer anderen Gruppe zum Beispiel wegen der Disziplinlosigkeit und Aggressivität der Schüler als zu gefährlich einzuschätzen.

Maßstab für das zu fordernde Maß der Anstrengung bei der Erkennung möglicher Gefahren ist die Sorgfalt eines durchschnittlichen Lehrers. Die von der Rechtsprechung benutzte Fiktion des Durchschnittslehrers hat den Vorteil, daß nicht die Frage gestellt wird, ob es überhaupt möglich gewesen wäre, eine bestimmte Gefahr zu erkennen, sondern ob ein durchschnittlich sorgfältiger Lehrer die Gefahr hätte erkennen können.
Es wird also weder ein Höchstmaß an Umsicht und Perfektion verlangt, noch werden besonders nachlässige Lehrer durch eine Berücksichtigung der Sorgfalt, die sie in eigenen Angelegenheiten anwenden, privilegiert.
Es bleibt allerdings das Problem, daß dieser Maßstab verhältnismäßig vage und unbestimmt ist und daher von verschiedenen Gerichten im Einzelfall unterschiedlich gehandhabt werden kann.
Das darin liegende Risiko sorgt bei Lehrern für ein gewisses Unbehagen gegenüber Aufsichtssituationen. Dieses Unbehagen wird aber deutlich vermindert durch die Freistellung von der Haftung für fahrlässiges Fehlverhalten.
Damit der Dienstherr oder die gesetzliche Unfallversicherung bei einem Schaden den Lehrer in Regreß nehmen können, müssen die Sorg-

faltspflichten in besonders grober Weise verletzt worden sein.

Im obigen Fall kommt es entscheidend darauf an, ob Hinweise darauf vorlagen, daß die Schülerinnen den Klassenverband unerlaubterweise verlassen wollten. Ein Verstoß gegen die präventive Aufsichtsführung läge nur vor, wenn solchen Hinweisen nicht nachgegangen worden wäre.

Die bloße Tatsache, daß die Schülerinnen sich unerlaubt entfernt haben, stellt keinen Verstoß gegen die präventive Aufsichtsführung dar.

8. „Ich führe eine Schülergruppe des fünften Schuljahres vom Schulgebäude zum Schwimmbad. Auf dem Weg sind zwei stark befahrene Straßen zu überqueren. Ich weise die Schüler ausdrücklich darauf hin, daß sie die Straßen erst überqueren dürfen, wenn ich die entsprechende Stelle erreicht habe und das Überqueren ausdrücklich gestatte. Auf dem Weg gehe ich am Schluß der Gruppe, um die Gruppe überblicken zu können.

Genüge ich meiner Aufsichtspflicht?"

Neben der kontinuierlichen und präventiven Aufsicht ist die aktive Aufsicht das dritte Merkmal zur Überprüfung der Erfüllung der Aufsichtspflicht.

Aktive Aufsichtsführung bedeutet, daß man sich grundsätzlich nicht nur auf Belehrungen beschränken darf, sondern konkrete Maßnahmen ergreifen muß oder in der Lage sein muß, jederzeit notwendige Maßnahmen ergreifen zu können.

Es genügt daher beispielsweise nicht, Schüler darauf hinzuweisen, daß eine bestimmte Stelle auf einem Bergwanderweg gefährlich ist, sondern eine Begleitperson muß sich so an dieser Stelle aufhalten, daß sie Hilfestellung geben oder eingreifen kann, falls ein Schüler Probleme hat.

Die Pflicht zur aktiven Aufsichtsführung ist wie alle anderen Elemente der Aufsichtspflicht auch im Zusammenhang mit den anderen Anforderungen an eine rechtmäßige Aufsicht zu sehen.

Das Ausmaß der aktiven Aufsicht hängt daher ebenso von der konkreten Gefahrenlage ab wie vom Alter, der Einsichtsfähigkeit und dem Verantwortungsbewußtsein der Schüler.

Bei der Beaufsichtigung volljähriger Schüler kann man in aller Regel davon ausgehen, daß Belehrungen über drohende Gefahren ausreichen, es sei denn, die konkrete Gruppensituation läßt es sehr wahrscheinlich erscheinen, daß Belehrungen mißachtet werden.

Bei der Beaufsichtigung von Schülern einer fünften Klasse reichen Belehrungen in der Regel nicht aus.
Im vorliegenden Fall ist daher davon auszugehen, daß die Begleitperson vor den Schülern die gefährliche Straßenüberquerung erreicht haben muß, um verhindern zu können, daß einzelne Schüler trotz des ausdrücklichen Verbotes die Straße überqueren oder bei einer in solchen Situationen nicht untypischen Rangelei auf die Straße gestoßen werden.
Die aktive Aufsichtsführug muß jeweils darauf gerichtet sein, die erkennbar größte Gefahr abzuwehren.

Begleitet wie im vorliegenden Fall nur ein aufsichtsführender Lehrer die Gruppe, muß er abwägen, ob der ständige Überblick über die Gruppe während des Weges auf dem Bürgersteig, der nur gewährleistet ist, wenn der Lehrer hinter der Gruppe geht, der Abwehr einer größeren Gefahr dient, als ein Aufenthalt im vorderen Teil der Schülergruppe, der beim Überqueren der Straße ein jederzeitiges aktives Eingreifen ermöglicht, ohne daß der Überblick auf der übrigen Wegstrecke völlig verloren ginge.

Im Normalfall ist davon auszugehen, daß die aktive Aufsicht in der geschilderten Situation die Möglichkeit sofortigen Eingreifens an der gefährlichsten Stelle - beim Überqueren der Straßen - erfordert.

Die Entscheidung, am Ende der Gruppe zu gehen und sich auf Belehrungen bezüglich des Überquerens der Straßen zu beschränken, ist daher im geschilderten Fall falsch.

9. „Einer meiner Grundschülerinnen wird schlecht. Ich schicke sie mit einer anderen Schülerin aus der Klasse nach Hause. Die Schülerinnen gehen nicht auf dem kürzesten Weg nach Hause, sondern in ein Café.

Habe ich falsch gehandelt?"

In der Schule und bei schulischen Veranstaltumgen ist die Aufsichtspflicht von jedem Lehrer wahrzunehmen.
Auch wenn bestimmte Lehrer für die Aufsicht in bestimmten Bereichen wie dem Schulhof in der Pause oder während des Unterrichtes im Klassenraum zuständig sind, hat doch grundsätzlich jeder Lehrer im schu-

lischen Bereich eine Aufsichtspflicht.
Diese Aufsichtspflicht kann allerdings unter Umständen auf andere Personen übertragen werden.
Fahren beispielsweise bei einer Klassenfahrt weitere Begleitpersonen wie Eltern einiger Schüler der Klasse mit, übernehmen diese Personen Aufsichtsfunktionen.
Die Aufsichtspflicht kann aber nicht nur auf volljährige Personen übertragen werden, sondern auch auf Minderjährige, also zum Beispiel Schüler einer höheren Klasse oder sogar auf Schüler der zu beaufsichtigenden Klasse wie den Klassensprecher.

Die Übertragung von Aufsichtsaufgaben auf Dritte befreit Lehrer nicht vollständig von ihrer eigenen Aufsichtspflicht.
Die Lehrer bleiben verantwortlich für die Auswahl einer geeigneten Person. Als ausgebildete Pädagogen müssen sie entscheiden, ob eine Person voraussichtlich überhaupt in der Lage sein wird, Aufsichtsfunktionen zu übernehmen.
Es muß zumindest der Versuch gemacht werden, diese Eignung zum Beispiel in einem kurzen Gespräch festzustellen.
Hat sich etwa ein Elternteil bereit erklärt, die Klasse auf einer Fahrt zu begleiten, stellt sich in einem Vorgespräch aber heraus, daß die betreffende Person ausschließlich an der Betreuung des eigenen Kindes interessiert ist, ist sie als Aufsichtsperson ungeeignet.

Neben der Auswahl vermutlich geeigneter Personen tragen die Lehrer als ausgebildete Pädagogen, die in der Regel auch die jeweilige Schülergruppe kennen, auch die Verantwortung für die Übertragung bestimmter Aufgaben auf nicht pädagogisch ausgebildete Aufsichtspersonen.
Bei einer Klassenfahrt entscheiden daher zum Beispiel die Lehrer, ob Begleitpersonen eine Wanderung mit Schülern durchführen können und wieviele Schüler teilnehmen dürfen, ohne die Aufsichtsführenden zu überfordern.

Übernehmen Dritte Aufsichtsfunktionen, gilt für sie das gleiche Haftungsprivileg wie für Lehrer. Sie haften daher ebenfalls nicht für fahrlässiges Fehlverhalten, sondern nur bei grober Fahrlässigkeit und Vorsatz.

Im obigen Fall sind einer Schülerin Aufsichtsaufgaben übertragen worden, die sich als ungeeignet erwiesen hat, diese Aufgaben wahrzunehmen.
Aus dem tatsächlichen Versagen der Schülerin darf aber nicht ohne weiteres gefolgert werden, daß dem Lehrer eine schuldhaft fehlerhafte

Auswahl vorzuwerfen ist.
Das wäre nur der Fall, wenn er sich keinerlei Gedanken über die Auswahl gemacht hätte oder Hinweise auf eine mangelnde Eignung nicht beachtet hätte.

10. Darf ich als Lehrer Kinder mit Erkundungsaufträgen aus dem Unterricht in die Stadt schicken?

Erkundungsaufträge, die Teil des planmäßigen Schulunterrichtes sind und lediglich eine besondere Ausgestaltung dieses Unterrichtes darstellen, unterliegen in der Regel nicht dem Entscheidungsrecht einer Konferenz wie der Schulkonferenz, die in einigen Bundesländern über die Planung von Veranstaltungen der Schule außerhalb des planmäßigen Unterrichtes entscheidet.

Über unterrichtliche Veranstaltungen, bei denen die Schüler mit Erkundungsaufträgen wie zum Beispiel Preisvergleichen in Einzelhandelsgeschäften und Supermärkten das Schulgelände verlassen, sollten die Eltern in der jeweiligen Elternvertretung der Klasse oder Jahrgangsstufe auch dann unterrichtet werden, wenn eine solche Informationspflicht in den gesetzlichen Regelungen der Elternmitwirkung nicht ausdrücklich vorgeschrieben ist.

Die Teilnahme der Schüler an solchen unterrichtlichen Erkundungen setzt aber nicht wie die Teilnahme an einer mehrtägigen Klassenfahrt die schriftliche Zustimmung der Eltern voraus, da keinerlei Kosten entstehen und die Erkundung ebenso verbindlich und vom Bildungs- und Erziehungsauftrag der Schule gedeckt ist wie der Unterricht im Schulgebäude oder auf dem Schulgelände.

Um jeden Zweifel an dem Charakter der Erkundung als unterrichtlicher Veranstaltung auszuschließen, sollte sie vom Schulleiter auch dann genehmigt werden, wenn eine solche Genehmigung in keiner Verwaltungsvorschrift ausdrücklich vorgesehen ist.
Eine mündliche Genehmigung reicht aus, um die Erkundung zur schulischen Veranstaltung zu erklären. Es empfiehlt sich aber, einen entsprechenden Aktenvermerk anzulegen.

Um eine Verletzung der Aufsichtspflicht auszuschließen, ist zu prüfen, ob die Aufsicht kontinuierlich, präventiv und aktiv ausgeübt wird.
Es gehört zum Wesen eines Erkundungsauftrages, daß die Schüler nicht im gleichen Maße kontinuierlich beaufsichtigt werden können wie im schulischen Bereich.
Hierin liegt aber dann kein Verstoß gegen eine kontinuierliche Aufsicht,

wenn diese Lockerung der Aufsicht der Erziehung der Schüler zur Selbständigkeit dient.

Außerdem kann sichergestellt werden, daß die Schüler sich nicht völlig unbeaufsichtigt fühlen, indem der Lehrer sich stichprobenartig ein Bild von der Art der Durchführung der Erkundung verschafft.

Angesichts der geringeren Kontinuität der Aufsicht kommt dem Gesichtspunkt der Prävention besondere Bedeutung zu.

Der Lehrer muß besonders sorgfältig prüfen, ob Alter, Einsichtsfähigkeit und Verantwortungsbewußtsein der Schüler sowie der zurückzulegende Weg und der Aufenthalt in den Geschäften besondere Gefahrenquellen darstellen. Die Erkundungsaufträge sind so präzise wie möglich zu erteilen.

Es verstieße gegen das Erfordernis einer aktiven Aufsicht, wollte der Lehrer sich auf Warnungen vor eventuellen Gefahren beschränken und die Zeit der Erkundung als Pausenzeit oder zur Erledigung anderer Arbeiten nutzen.

Es entspricht einer aktiven Aufsicht, wenn er sich im Bereich der Erkundung aufhält, um gegebenenfalls für Schüler erreichbar zu sein und selbst stichprobenartige Kontrollen durchführen zu können.

11. Welche Ersatzansprüche können Schülern bei Schulbusunfällen zustehen?

Viele Schüler legen den täglichen Schulweg mit dem Schulbus zurück. Auch für Unterrichtswege, also Wege zwischen Unterrichtsstätten wie der Schule und dem Schwimmbad, wird in einigen Fällen der Schulbus benutzt.

Kommt es zu Schadensfällen, stellt sich die Frage nach den möglichen Ersatzansprüchen der Schüler.

Fall:

Ein Schulbus kommt im Winter auf dem Weg zur Schule auf einer vereisten Stelle von der vom Schnee geräumten und gestreuten Fahrbahn ab. Mehrere Schüler werden verletzt. Kleidungsstücke und Armbanduhren werden beschädigt.

Der Unfall hätte vermieden werden können, wenn der Schulbusfahrer angesichts der schwierigen Straßenverhältnisse langsamer und vorsichtiger gefahren wäre.

Ersatz für Körperschäden

Die verletzten Schüler haben auf dem Schulweg einen Unfall erlitten. Für den entstandenen Körperschaden tritt daher grundsätzlich zunächst die gesetzliche Unfallversicherung ein. Falls ein Schädiger wie im obigen Fall der Busfahrer den Unfall schuldhaft verursacht hat, kann die gesetzliche Unfallversicherung von diesem den Ersatz ihrer Aufwendungen verlangen.

Schmerzensgeldansprüche

Die gesetzliche Unfallversicherung gewährt aber keinen Anspruch auf Schmerzensgeld.
Nach der Reichsversicherungsordnung sind Schmerzensgeldansprüche gegen andere Betriebsangehörige ausgeschlossen. Ein solcher Anspruch kann daher zum Beispiel nicht gegen den Schulträger, Mitschüler oder Lehrer geltend gemacht werden.
Unmittelbare Ansprüche der Schüler auf Schmerzensgeld gegen den Transportunternehmer als einen vom Schulträger unabhängigen Halter des Fahrzeuges und den Fahrer wären ausgeschlossen, wenn Unternehmer und Fahrer wie Mitschüler und Lehrer als in den Schulbetrieb eingegliederte Personen zu betrachten wären. Das ist aber nach einem Urteil des Bundesgerichtshofes (Az VI ZR 219/80, abgedruckt in SPE 704, Nr.7, S. II H I/153) nicht der Fall. Die verletzten Schüler können daher gegen den Transportunternehmer und den Fahrer des Schulbusses Schmerzensgeldansprüche geltend machen.

Ersatz für Sachschäden

Die gesetzliche Unfallversicherung leistet keinen Ersatz für bei einem Unfall beschädigte oder zerstörte Kleidungsstücke und mitgeführte Sachen wie Armbanduhren.
Eventuell bestehende Ansprüche müssen unmittelbar gegenüber dem Busunternehmer und dem Fahrer geltend gemacht werden. Ein fahrlässiges Fehlverhalten reicht aus, um Schmerzensgeldansprüche und Ansprüche auf Sachschadensersatz begründen zu können.

Aufsichtspflichten

Der Schulträger muß entscheiden, ob auf dem Schulweg eine Begleitung der Schüler im Schulbus notwendig ist.
Einige Bundesländer schreiben bei der Beförderung bestimmter Schüler, zum Beispiel der Schüler, die eine Schule für Körperbehinderte, für Geistigbehinderte oder für Erziehungshilfe besuchen, den Einsatz einer Begleitperson neben dem Fahrer vor.
Verletzt eine solche Begleitperson ihre Aufsichtspflicht, können Schadensersatzansprüche gegen den Schulträger entstehen.

Bei Schulbusfahrten, die der Zurücklegung des Schulweges dienen, hat die Schule ebensowenig eine Aufsichtspflicht wie auf dem Schulweg, der zu Fuß oder mit anderen Verkehrsmitteln zurückgelegt wird. Wird ein Schulbus dagegen auf einem Unterrichtsweg eingesetzt, beispielsweise auf dem Weg zwischen dem Schulgebäude und einem Schwimmbad, besteht in der Regel eine Verpflichtung der Schule zur Aufsichtsführung. Bei Verletzung dieser Aufsichtspflicht können Schülern Schadensersatzansprüche gegen die gesetzliche Unfallversicherung oder den Dienstherrn der Lehrer oder anderen Aufsichtspersonen zustehen.

Schulbushaltestellen sind besonders unfallträchtig. Die Schulträger sind für die richtige Auswahl und Einrichtung der Schulbushaltestellen verantwortlich.

Dabei hängt es von den Umständen des Einzelfalles ab, ob der Schulträger für eine Beaufsichtigung an den Schulbushaltestellen sorgen muß. Eine von Lehrern wahrzunehmende Aufsichtspflicht der Schule an Schulbushaltestellen ist nur dann gegeben, wenn schulische Gremien oder Organe eine solche Aufsicht für erforderlich und ohne unverhältnismäßigen Aufwand möglich halten. Dabei ist ein Einvernehmen mit dem Schulträger herzustellen.

12. Welche Schadensersatzansprüche bestehen bei Diebstahl oder Beschädigung von Schülereigentum in der Schule ?

Die Schulträger, also in der Regel die Gemeinden, sind verpflichtet, die Schüler in der Schule vor einer Beschädigung oder dem Verlust ihres Eigentums zu schützen.

Diese Verpflichtung wird in der Schule von Bediensteten des Schulträgers, insbesondere dem Hausmeister, wahrgenommen. Die Lehrer und insbesondere der Schulleiter sind aber ebenfalls verpflichtet, auf Gefahren, die sich aus dem Zustand des Schulgebäudes und der Einrichtungsgegenstände ergeben, zu achten und den Schulträger auf Gefahrenquellen hinzuweisen.

Verletzt der Hausmeister seine Pflichten, indem er zum Beispiel einen erkennbar beschädigten Stuhl nicht reparieren läßt oder austauscht, hat ein Schüler, der sich an diesem Stuhl die Hose zerreißt, einen Schadensersatzanspruch gegen den Schulträger, der für eine schuldhafte Amtspflichtverletzung seiner Bediensteten haftet.
(Heckel, Avenarius: Schulrechtskunde, Seite 422f)

Die Ersatzpflicht des Schulträgers kann allerdings gemindert werden oder völlig entfallen, wenn den Schüler ein Mitverschulden trifft, weil er zum Beispiel die offensichtliche Beschädigung des Stuhles nicht beachtet hat.

Sind Schüler verpflichtet, ihre Garderobe im Flur aufzuhängen, muß der Schulträger die Kleidungsstücke vor Diebstahl schützen.

Die Schutzmaßnahmen müssen dem Schulträger aber zumutbar sein. Er ist daher nicht verpflichtet, jedem Schüler einen eigenen verschließbaren Schrank für seine Garderobe zur Verfügung zu stellen.
Es reicht aus, wenn sichergestellt ist, daß schulfremde Personen das Schulgebäude nicht unkontrolliert betreten können.

Im obigen Fall kommt es daher entscheidend darauf an, ob das Schulgebäude gegen den ungehinderten Zugang schulfremder Personen gesichert war, indem zum Beispiel eine Hausmeisterloge am Eingang ständig besetzt war.

Ist wegen einer fehlenden Sicherung die Haftung des Schulträgers zu bejahen, tritt gem. § 839 Abs. 1 Satz 2 BGB seine Ersatzpflicht aber erst ein, wenn der für den Schaden verantwortliche Dieb nicht zu ermitteln ist.
Es muß daher zunächst versucht werden, durch eine Anzeige bei der Polizei den Dieb zu fassen.

Für Diebstähle der Schüler untereinander haftet der Schulträger nicht, da er solche Diebstähle mit zumutbaren Mitteln nicht verhindern kann (Heckel, Avenarius: Schulrechtskunde, S. 423).
Einige Schulträger haben aber Versicherungen abgeschlossen, die auch solche Diebstahlsfälle abdecken.

Handelte es sich bei der gestohlenen Jacke um ein besonders teures Stück, kann die Ersatzpflicht des Schulträgers gemindert werden oder sogar völlig entfallen, da der Schulträger nur verpflichtet ist, üblicherweise in die Schule mitgebrachte Gegenstände, zu denen zum Beispiel weder sehr teure Lederjacken noch wertvolle Armbanduhren gehören, vor Schaden zu bewahren.

Werden Gegenstände entwendet, die einem Lehrer zum Beispiel während des Sportunterrichtes zur Aufbewahrung übergeben wurden, besteht nur dann ein Schadensersatzanspruch gegen den Dienstherrn des Lehrers, also in der Regel das Land, wenn der Lehrer die Gegenstände nicht ausreichend gesichert hat, sie also zum Beispiel in seine Sporttasche getan hat und diese an eine Stelle in der Sporthalle gestellt hat, die er während des Unterrichtes nicht einsehen konnte.

Sind die in Verwahrung genommenen Gegenstände dagegen in zumutbarer Weise ausreichend gesichert worden, also zum Beispiel in einer verschlossenen Sporttasche, die während des Unterrichtes beobachtet werden konnte, entfällt ein Ersatzanspruch des geschädigten Schülers.

Werden Schüler von Lehrern beauftragt, Gegenstände für Mitschüler in Verwahrung zu nehmen oder Geld (zum Beispiel Essens- oder Kakaogeld) einzusammeln, können bei Beschädigung oder Verlust sowohl Schadensersatzansprüche gegen das Land wegen eines Auswahlverschuldens der Lehrer bestehen, falls diese einen erkennbar ungeeigneten Schüler ausgewählt haben, als auch wegen eines schuldhaften Fehlverhaltens der Schüler, die beauftragt wurden, eine schulische Aufgabe wahrzunehmen.

Gestattet der Schulträger den Schülern, Fahrräder auf dem Schulgelände abzustellen, übernimmt er damit nicht zwangsläufig eine Verpflichtung, die Fahrräder gegen Diebstahl oder Beschädigung zu sichern.

Eine solche Verpflichtung entsteht erst, wenn sie erkennbar übernommen wird, zum Beispiel dadurch, daß ein besonders gesicherter Abstellraum zur Verfügung gestellt wird.
Auch beim Verlust oder der Beschädigung eines Fahrrades ist aber zu prüfen, ob der Schulträger eventuell eine Versicherung abgeschlossen hat, die solche Schadensfälle abdeckt.

Die Ersatzpflicht des Schulträgers mindert sich oder entfällt ganz, wenn der Schüler den Schaden mitverschuldet hat, indem er sein Fahrrad nicht ordnungsgemäß abgeschlossen oder auf andere Weise gegen Diebstahl gesichert hat.

13. Unter welchen Voraussetzungen dürfen Schülern bestimmte Aufgaben wie zum Beispiel das Einsammeln von Kakaogeld übertragen werden?

Die gesamte Rechtsordnung durchzieht die Unterscheidung von privatem Recht und öffentlichem Recht.
Diese Unterscheidung kann auch bei der Beurteilung schulrechtlicher Probleme bedeutsam werden wie die beiden folgenden Situationen zeigen:

- Ein minderjähriger Schüler wird zum Klassensprecher gewählt. Zu den Aufgaben des Klassensprechers gehört es an dieser Schule, Milch und Kakao zu verteilen, das Kakaogeld einzusammeln und mit dem Hausmeister abzurechnen.
- Ein minderjähriger Schüler gehört

zu den Herausgebern einer Schülerzeitung, die für 20 Pf pro Exemplar an Mitschüler verkauft wird.

In beiden Situationen stellt sich die Frage, ob eine Zustimmung der Eltern erforderlich ist.

Öffentliches Recht und Privatrecht

Das Rechtsverhältnis zwischen der Schule auf der einen und den Eltern und Schülern auf der anderen Seite ist ein öffentlich-rechtliches Rechtsverhältnis. Das Rechtsverhältnis zwischen den Herausgebern einer Schülerzeitung und den Käufern der Zeitung gehört dagegen zum Privatrecht.
Es gibt mehrere juristische Theorien zur Unterscheidung von öffentlichem und privatem Recht.

Für den schulischen Bereich hat sich die Unterscheidung zwischen einem Verhältnis der Überordnung oder Gleichordnung als Unterscheidungsmerkmal bewährt.
Wird das Rechtsverhältnis zwischen den Beteiligten von der Schule einseitig festgelegt und falls notwendig mit staatlichen Zwangsmaßnahmen durchgesetzt wie bei der Schulpflicht, den Ordnungsmaßnahmen oder den Versetzungsentscheidungen, handelt es sich um eine öffentlich-rechtliche Beziehung. Kann das Rechtsverhältnis dagegen ausgehandelt und vertraglich geregelt werden wie beim Abschluß eines Schulvertrages mit einer privaten Ersatzschule, liegt eine privatrechtliche Beziehung vor.

Die Wahl von Klassensprechern ist Teil der Mitwirkung an der Schule, und die Schülervertretung trägt zur Erfüllung des Bildungs- und Erziehungsauftrages der Schule bei. Werden einem Klassensprecher im Rahmen der Schülermitwirkung oder einem anderen Schüler in Erfüllung des schulischen Erziehungsauftrages bestimmte Aufgaben wie das Einsammeln des Kakaogeldes übertragen, treten diese Schüler nicht in ein privatrechtliches Rechtsverhältnis zu ihren Mitschülern, sondern sie erfüllen eine ihnen im Rahmen des öffentlich-rechtlichen Schulverhältnisses übertragene Aufgabe.

Verkaufen Schüler ihren Mitschülern eine Schülerzeitung, handelt es sich nicht um im Rahmen des Schulverhältnisses übernommene oder übertragene öffentlich-rechtliche Pflichten, sondern um privatrechtliche Handlungen wie auch beim Abschluß eines Vertrages mit einer Druckerei oder einem Anzeigenkunden.

Erforderlichkeit der Zustimmung der Eltern

Die von beschränkt geschäftsfähigen Schülern abgeschlossenen

Verträge bedürfen zu ihrer Wirksamkeit grundsätzlich der vorherigen oder nachträglichen Zustimmung der gesetzlichen Vertreter.

Die Zustimmung der Eltern zur Übernahme schulischer Ämter und Aufgaben wie des Kakaodienstes ist dagegen nur erforderlich, wenn sie in Rechtsnormen oder Verwaltungsvorschriften ausdrücklich vorgeschrieben ist.

Das ist aber in aller Regel nicht der Fall. Die Verwaltungsvorschriften in NRW schreiben zum Beispiel die Zustimmung der Erziehungsberechtigten nur vor bei der Übernahme der Verwaltung und Führung der Kasse der Schülervertretung einer Schule durch einen minderjährigen Schüler.

Bei Ämtern, die Schüler freiwillig übernehmen, können die Erziehungsberechtigten ihren Kindern aufgrund ihres Erziehungsrechtes die Übernahme eines Amtes untersagen wie sie zum Beispiel auch die Teilnahme an einer freiwilligen Arbeitsgemeinschaft untersagen können. Die Schule muß ein entsprechendes Verbot der Eltern respektieren.

Überträgt die Schule dagegen einem Schüler bestimmte Aufgaben wie den Tafeldienst oder den Kakaodienst aus erzieherischen Gründen, können die Eltern die Erfüllung dieser Pflichten nicht unter Berufung auf ihr Erziehungsrecht untersagen. Sie sind darauf verwiesen, Bedenken und Beschwerden bei der Schule vorzutragen, um eine Änderung der Weisung zu erreichen.
So können sie etwa bei der Übertragung der Verantwortung für das Kakaogeld darauf hinweisen, daß ihr Kind Probleme beim Umgang mit Geld hat.
Die Schule muß dann entscheiden, ob sie daraus die Folgerung zieht, die Aufgabe nicht zu übertragen, oder ob sie die Übertragung im Rahmen ihres Erziehungsauftrages weiterhin für sinnvoll hält.

**14. Eine Schülergruppe wird für einen Aufenthalt in einem Bildungs- und Erholungswerk angemeldet.
Zugleich werden mehrere Angebote von Busunternehmern eingeholt und ein Bus gemietet.**

Welche rechtlichen Probleme sind zu beachten?

Beim Abschluß von Beherbergungs- und Beförderungsverträgen kann die Schule selbst kein Vertragspartner werden, da sie eine nichtrechtsfähige Anstalt des Schulträgers ist.

Rechtlich ist es der Schulträger, der als juristische Person handlungsfähig ist.

Lehrer wollen beim Abschluß von Veträgen im Zusammenhang mit Klassenfahrten nicht selbst Vertragspartner des Beherbergungs- oder Beförderungsunternehmens werden.
Es handelt sich bei einer Klassenfahrt auch nicht um eine private Gruppenreise, die der Lehrer im Auftrage der Eltern und Schüler organisiert.
Es liegt daher im Interesse der Lehrer, daß der Schulträger Vertragspartner der jeweiligen Unternehmen wird.
Der Schulträger wird Vertragspartner, wenn der Lehrer mit einer Vollmacht des Schulträgers gehandelt hat und nach außen als Vertreter des Schulträgers aufgetreten ist. Die Vollmacht des Schulträgers erhält der Lehrer über den Schulleiter, der den Schulträger vertritt.
Vor Abschluß von Verträgen ist daher die Genehmigung des Schulleiters einzuholen, der seinerseits vom Schulträger bevollmächtigt sein muß.
Einige Schulträger erteilen keine Vollmachten, sondern lassen sich alle Verträge zur Genehmigung vorlegen.

Im Normalfall geben die Schulträger aber einen bestimmten Rahmen vor, innerhalb dessen die Schulleiter Vertragsabschlüsse durch Lehrer genehmigen können. Genehmigt ein Schulleiter eine beantragte Fahrt, ist der Lehrer nicht verpflichtet, festzustellen, ob der Schulleiter innerhalb seiner Vertretungsmacht für den Schulträger gehandelt hat.
Überschreitet der Schulleiter seine Vollmacht, wird er selbst zum Vertragspartner.

Den Unternehmen gegenüber muß der Lehrer, um nicht selbst Vertragspartner zu werden, als Vertreter des Schulträgers auftreten.
Es ist dabei unschädlich, wenn er für die Schule auftritt, er sollte aber zum Beispiel kein Briefpapier mit eigenem Briefkopf verwenden und Formulierungen wählen, die deutlich erkennen lassen, daß er für die Schule, also für den Schulträger handelt.

Der Lehrer wird selbst zwar nicht Vertragspartner, kann sich aber Schadensersatzansprüchen des Schulträgers ausgesetzt sehen, wenn er bei der Organisation einer Fahrt Vorschriften nicht beachtet, also zum Beispiel das schriftliche Einverständnis der Eltern nicht einholt, eine Genehmigung der Schulaufsicht nicht beantragt, die notwendig sein kann, falls beispielsweise ein Tag der Fahrt in die Ferien

fällt, oder eine rechtzeitige Abmeldung erkrankter Schüler bei dem Beherbergungsunternehmen versäumt.
Hat der Lehrer für den Schulträger gehandelt, bestehen keine Ansprüche der Vertragspartner gegen den Lehrer, und auch die Eltern müssen sich im Zusammenhang mit finanziellen Problemen einer Klassenfahrt an den Schulträger wenden.

15. Welche dienstrechtlichen Vorschriften sind bei der Zimmerbelegung während einer Klassenfahrt zu beachten?

Beim Stichwort Klassenfahrten denkt man zunächst an Aufsichtsprobleme.
Die Zimmerbelegung bei Klassenfahrten wirft auch Aufsichtsprobleme auf, sie hat aber noch weitere dienstrechtliche Dimensionen, die auf das engste mit dem Verhältnis von Elternrecht aus Artikel 6 Absatz 2 Grundgesetz (GG) und der Aufsicht des Staates über das Schulwesen aus Artikel 7 Absatz 1 GG zusammenhängen.

Artikel 6 Absatz 2 Satz 1 GG lautet: „Pflege und Erziehung der Kinder sind das natürliche Recht der Eltern und die zuvörderst ihnen obliegende Pflicht."

Die Rechtsprechung faßt den Begriff der Aufsicht in Artikel 7 Absatz 1 GG sehr weit.
Das Elternrecht dient demgegenüber im wesentlichen als Mißbrauchsschranke, da der Staat auch im schulischen Bereich den Gesamtplan der Eltern für die Erziehung der Kinder achten muß.

Die Entwicklung der Persönlichkeit des Kindes kann und darf nicht in einen privaten, elterlichen Bereich und einen staatlichen, schulischen Bereich aufgespalten werden.
Vielmehr ist nach der ständigen Rechtsprechung des Bundesverfassungsgerichtes die gemeinsame Erziehungsaufgabe von Eltern und Schule in einem sinnvoll aufeinander bezogenen Zusammenwirken zu erfüllen (siehe oben „I Grundlagen des Schulrechts").

Die Verpflichtung des Staates zur Achtung des Gesamterziehungsplanes der Eltern und zum Zusammenwirken mit den Eltern wird nur wirksam, wenn Lehrer durch Dienstpflichten zu einem entsprechenden Verhalten verpflichtet werden.

Lehrer sind daher durch das Grundgesetz und die Landesverfassungen, die Beamtengesetze, den BAT und Verwaltungsvorschriften unter anderem verpflichtet, der Achtung und dem Vertrauen gerecht zu werden, die der Beruf erfordert und jederzeit den in den meisten Landesverfassungen und allen Landesschulgesetzen festgelegten Bildungs- und Erziehungsauftrag der Schule zu beachten.

Die Erfüllung dieser Pflichten kann auch bei der Zimmerbelegung während einer Klassenfahrt ein bestimmtes Verhalten verbieten oder erfordern wie der folgende **Fall** beispielhaft zeigt:

Während einer mehrtägigen Fahrt in ein Schullandheim übernachteten ein verheirateter Lehrer und eine unverheiratete Lehrerin gemeinsam in einem Zimmer und ließen es zu, daß vier Schüler und drei Schülerinnen gemeinsam in einem Zimmer übernachteten.
Eine nach Geschlechtern getrennte Unterbringung der Schüler und die getrennte Übernachtung der Begleitpersonen wäre angesichts der zur Verfügung stehenden Räumlichkeiten ohne weiteres möglich gewesen.

Der Verwaltungsgerichtshof Baden-Württemberg beurteilte dieses Verhalten der Lehrer als zweifache Dienstpflichtverletzung (Urteil vom 29.9.1986, DH 12/86, SPE 204 Nr. 12 S. 20-23) und ahndete sie mit einer Geldbuße in Höhe von 800,- DM.

Es gehört zum Erziehungsauftrag der Schule und den Dienstpflichten der Lehrer, die Schüler im Sinne der verfassungsmäßigen Wertordnung unter Berücksichtigung der verfassungsrechtlich anerkannten und besonders geschützten Institution der Ehe (Artikel 6 Absatz 1 GG) und der Elternrechte zu erziehen.

Eine Berufung auf einen pädagogischen Gestaltungsspielraum scheitert schon daran, daß verfassungsrechtlich geschützte Institutionen wie Ehe und Familie nicht zur Disposition der Lehrer stehen, die mit ihrem Verhalten zuließen, daß bei den Schülern der Eindruck entstehen konnte, daß ihr mehrfaches, gemeinsames Übernachten ohne jeden äußeren Anlaß nicht ehewidrig sei oder aber daß sie die Wertvorstellungen von der Ehe ignorierten oder in Frage stellten (a.a.O. S. 21).

Durch die Duldung des gemeinsamen Übernachtens einiger Schüler und Schülerinnen haben beide Lehrer das Recht der Eltern, in ihrem Bereich die Grundsätze der Erziehung zu bestimmen, verletzt. Die Mehrheit der Bevölkerung billigt die gemeinsame Übernachtung von Jungen und Mädchen im Alter von 15 bis 17 Jahren in einem Raum nicht oder nur ausnahmsweise unter besonderen Bedingungen. Die Achtung des Elternrechtes hätte daher erfordert, die Zustimmung der betreffenden Eltern einzuholen (a.a.O. S. 22).

Auch bei dieser Dienstpflichtverletzung ist eine Berufung auf die pädagogische Freiheit verfehlt, da sie keine Verletzung der Elternrechte rechtfertigen kann.

Außerdem ist hier nicht der Kernbereich einer pädagogischen Freiheit, die Wahl geeigneter Unterrichtsmethoden oder erzieherischer Einwirkungen im Zusammenhang mit dem Unterricht oder einer Schulveranstaltung betroffen, sondern die Duldung und Förderung eines Verhaltens, das dem Bereich der elterlichen Erziehung wesentlich näher steht als dem schulischen Bereich und eine grobe Mißachtung des verfassungsrechtlich garantierten Elternrechtes darstellt.

16. „Mein Schulschlüssel ist weg. Die Schule hat eine Schließanlage.

Muß ich Schadensersatz für die Auswechselung der Schließanlage leisten ?"

Die Landesbeamtengesetze regeln, daß ein Beamter, der vorsätzlich oder grob fahrlässig die ihm obliegenden Pflichten verletzt, dem Dienstherrn, dessen Aufgabe er wahrgenommen hat, den daraus entstehenden Schaden ersetzen muß.

Bei einem Verwahrungsverhältnis muß man für diejenige Sorgfalt einstehen, die man in eigenen Angelegenheiten anwendet.

Gegen diese Sorgfaltspflicht verstößt in jedem Falle ein grob fahrlässiges Verhalten.

Grob fahrlässig handelt ein Beamter, der die erforderliche Sorgfalt in schwerem, ungewöhnlich großem Maße außer acht läßt.

Das ist der Fall, wenn ganz naheliegende Überlegungen nicht angestellt werden und dasjenige unbeachtet bleibt, was unter den gegebenen Umständen jedem einleuchten muß.

Die Tatsache, daß der Lehrer die Schulschlüssel verloren hat, bedeutet noch nicht, daß eine grobe Fahrlässigkeit vorliegt.

Der Lehrer ist auch nicht verpflichtet, nachzuweisen, daß er nicht grob fahrlässig gehandelt hat, sondern es muß aufgrund der Umstände des Einzelfalles entschieden werden, ob grobe Fahrlässigkeit gegeben ist.

In aller Regel wird es keine Zeugen für die Situation geben, in der der Schlüssel verloren wurde.

Bei der Entscheidung wird ein Gericht, das letztlich über den Schadensersatzanspruch zu entscheiden hat, daher von den Umständen

ausgehen, die der Lehrer schildert, sofern dieseSchilderung glaubwürdig erscheint.
Es handelt sich daher jeweils um Einzelfallentscheidungen.
In Einzelfällen haben Gerichte zum Beispiel festgestellt, daß Lehrer nicht verpflichtet sind, die Schlüssel auf mehrere Schlüsselringe zu verteilen, um den Schaden aus dem Verlust eines Schlüssels so gering wie möglich zu halten.
Schlüssel dürfen nicht nur in der Schultasche, sondern auch in einer Hosentasche mitgeführt werden, es sei denn, die Hosentasche hätte ein Loch oder sei aus anderen Gründen zur Aufbewahrung von Schlüsseln offensichtlich ungeeignet.
Für die Eignung einer bestimmten Aufbewahrungsart spricht insbesondere, daß sie sich im Einzelfall über einen längeren Zeitraum bewährt hat.

Sobald der Lehrer den Verlust eines Schulschlüssels bemerkt, ist er verpflichtet, sich intensiv darum zu bemühen, den Schlüssel wiederzufinden.
Zu diesen Bemühungen gehören je nach Einzelfall das unverzügliche Absuchen möglicher Verlustorte, die Benachrichtigung des Hausmeisters und des Schulleiters, die Nachfrage bei Fundämtern und der Polizei.
Bei entsprechenden Bemühungen kann dem Lehrer nicht vorgeworfen werden, durch das Unterlassen notwendiger Nachforschungen den Schaden verursacht zu haben.

Den Schutz, den die Haftung lediglich für grobe Fahrlässigkeit darstellt, können Lehrer verlieren, die dem Schulträger gegenüber bei der Aushändigung der Schulschlüssel ein schriftliches Haftungsanerkenntnis abgegeben haben, das bei Schulschlüsselverlust auch bei leichter Fahrlässigkeit zu Schadensersatzforderungen führen könnte.

17. „Auf dem Parkplatz des Schulgeländes wird der Lack meines dort abgestellten Autos während der Unterrichtszeit zerkratzt. Wer kommt für den Schaden auf?"

Bei den Schäden, die Lehrer im Zusammenhang mit ihrem Dienst erleiden können, muß zwischen Dienstunfällen, die einen Körperschaden voraussetzen, bei denen aber auch Sachschäden eintreten können, und reinen Sachschäden unterschieden werden.
Tritt bei einem Dienstunfall auch ein Sachschaden ein, können gemäß §32 BeamtVG auch entstandene Sachschäden erstattet werden.

Die Erstattung steht aber im Ermessen des Dienstherrn, es besteht kein Rechtsanspruch auf Erstattung. Außerdem ist die Höhe der Ersatzleistung des Dienstherrn für Sachschäden begrenzt.

Im obigen Fall liegt kein Dienstunfall vor. Der Schaden am Pkw ist eingetreten, während der Lehrer seinen Dienstgeschäften nachgegangen ist.
Voraussetzung für die Erstattung von reinen Sachschäden ist nach den Beamtengesetzen der Länder in der Regel, daß der Schaden bei Ausübung des Dienstes an Kleidungsstücken oder sonstigen Gegenständen eingetreten ist, die üblicherweise zur Wahrnehmung des Dienstes mitgeführt werden.
Liegen diese Voraussetzungen vor, kann dem Beamten Ersatz geleistet werden. Der Beamte hat also keinen Rechtsanspruch auf Schadensersatzleistung.

Der auf dem Parkplatz abgestellte PKW ist nicht bei Ausübung des Dienstes beschädigt worden, sondern lediglich während der Zeit, in der der Dienst ausgeübt wurde. Außerdem wurde das Auto nicht üblicherweise zur Wahrnehmung des Dienstes mitgeführt.

Auf dem Weg von und zur Dienststelle steht der Beamte unter Dienstunfallschutz. Da aber das Zurücklegen des Weges zwischen Dienststelle und Wohnung nicht zum Dienst gehört - sonst könnte der Dienstherr anordnen, wie der Weg zurückzulegen ist - wird für auf diesem Weg entstandene Sachschäden kein Ersatz geleistet.
Es besteht daher auch kein Ersatzanspruch bei Parkschäden.

Eine Ersatzleistung ist möglich bei Gegenständen, die üblicherweise mit zum Dienst geführt werden und bei Ausübung des Dienstes beschädigt oder zerstört worden sind.
Dazu gehören Gegenstände, die zur Dienstausübung unmittelbar benötigt werden wie zum Beispiel die Sportkleidung eines Sportlehrers oder eine Brille, und Gegenstände, die der Beamte bei der dienstlichen Tätigkeit unmittelbar mit sich führt wie zum Beispiel eine Uhr.

Es darf sich dabei allerdings nicht um außerordentlich wertvolle Gegenstände handeln, da zum Beispiel eine extrem teure Armbanduhr nicht üblicherweise bei der dienstlichen Tätigkeit mitgeführt wird.

Sachen, die Beamte üblicherweise zur Dienststelle mitbringen, die aber abgelegt oder abgestellt werden, weil sie bei der Durchführung der dienstlichen Aufgaben behindern wie zum Beispiel ein Mantel, der an der Garderobe aufgehängt wird, oder ein Auto, das auf dem Parkplatz

abgestellt wird, gehören nicht zu den Gegenständen, bei deren Beschädigung oder Zerstörung der Dienstherr Schadensersatz leistet.
Diese engen Grenzen einer Ersatzleistung bei Sachschäden sollen einerseits der engen persönlichen Bindung des Beamten an seinen Dienstherrn, die auch den Ersatz von Schäden rechtfertigen kann, die der Dienstherr in keiner Weise verursacht hat, gerecht werden, andererseits aber auch die finanziellen Interessen des Staates berücksichtigen.

18. Unter welchen Voraussetzungen können Schüler zur Teilnahme an einer Demonstration beurlaubt werden?

Fall:
Ein Schüler verteilt in der Pause auf dem Schulhof Flugblätter, in denen alle Schüler zur Teilnahme an einer „Schüler-Friedensdemonstration" um 11.00 Uhr auf dem Marktplatz aufgerufen werden.

Der Schulleiter untersagt das Verteilen der Flugblätter und weist alle Schüler darauf hin, daß eine Teilnahme an der Demonstration während der Unterrichtszeit untersagt ist.

Rechtslage

Die Schulgesetze der Länder können ein Verteilen von Flugblättern von der Zustimmung der Schulleitung abhängig machen.

Auch wenn eine ausdrückliche Zustimmung nicht erforderlich ist, kann die Schulleitung das Verteilen von Flugblättern untersagen, wenn durch die Flugblätter der Bildungs- und Erziehungsauftrag der Schule gefährdet wird. Das ist zum Beispiel der Fall bei parteipolitischer Agitation, Aufrufen zum Unterrichtsboykott oder wirtschaftlicher Werbung.

Das Verwaltungsgericht Hannover hat in einem Beschluß (Beschluß v. 24.1.1991, Az.: 6 B 823/91, in: SPE 420 Nr.6) die Auffassung vertreten, eine ernstliche Gefährdung des Bildungsauftrages der Schule, die ein Vertriebsverbot für Flugblätter auf dem Schulgelände rechtfertige, liege bei einer inhaltlichen Kollision mit den schulischen Bildungszielen oder bei einem Boykottaufruf vor.
Ein Boykottaufruf sei aber nicht gegeben, wenn der Unterrichtsausfall nicht das Ziel des Demonstrationsaufrufes sei, sondern ihn lediglich als mittelbare Folge in Kauf nehme.

Bei der Entscheidung über die Demonstrationsteilnahme der Schüler während der Unterrichtszeit sei der wesentliche Abwägungsgesichtspunkt das mit der Demonstration verbundene Anliegen. Entspreche dieses Anliegen dem Bildungsauftrag der Schule, was bei einer „Friedensdemonstration“ der Fall sei, spreche das für eine Unterrichtsbefreiung.

Folgte man der Rechtsprechung des Verwaltungsgerichtes Hannover, wäre der wesentliche Abwägungsgesichtspunkt das mit einer Demonstration verbundene Anliegen.

Je nach politischem Standort des Beurteilenden kann sich dieses Anliegen aber ganz unterschiedlich darstellen: So kann man eine Friedensdemonstration auch als Aufruf zur Unterwerfung unter eine Aggression ansehen.

Die Auffassung des Verwaltungsgerichtes Hannover macht die Unterrichtsbefreiung von ausschließlich politischen Wertungen abhängig und verkennt die Aufgabe des Demonstrationsrechtes „als Abwehrrecht, das auch und vor allem andersdenkenden Minderheiten zugute kommt.“ (BVerfGE 69, 315, 343) und daher eben nicht von der Zustimmung staatlicher Stellen zu den Zielen einer Demonstration abhängen darf.

Die Schule darf daher bei der Entscheidung über die Unterrichtsbefreiung zur Teilnahme an einer Demonstration die Ziele der Demonstration nicht berücksichtigen, es sei denn, es handelte sich um verfassungs- oder rechtswidrige Ziele.

Auch wenn die in der Erklärung der KMK zur Stellung des Schülers in der Schule vom 25.5.1973 (Beschluß Seite 849.1, Abschnitt IX) getroffene Feststellung, die Teilnahme an Demonstrationen rechtfertige nicht das Fernbleiben vom Unterricht, im Einzelfall zu restriktiv sein kann, darf eine Demonstration nicht zur Funktionsunfähigkeit der Schule führen, durch die unter anderem auch der Anspruch demonstrationsunwilliger Schüler auf Unterricht verletzt würde.

Der Unterricht hat daher Vorrang vor der Teilnahme aller Schüler einer Schule an einer Demonstration.

Das gilt insbesondere, wenn es sich um eine Schülerdemonstration handelt, da Schülern ausreichend unterrichtsfreie Zeit zur Veranstaltung von Demonstrationen zur Verfügung steht.

Es spricht auch nicht für die Ernsthaftigkeit des Anliegens der Schüler, wenn eine Demonstration während der Unterrichtszeit stattfinden soll, weil offenbar nur dann mit einer nennenswerten Teilnehmerzahl zu rechnen ist.

Eine Beurlaubung zur Teilnahme an einer Demonstration kann daher nur in Einzelfällen für eine geringe Zahl der Schüler einer Schule ausgesprochen werden, wenn es sich um eine Demonstration handelt, die nicht von Schülern organisiert worden ist.

Im vorliegenden Fall können daher sowohl das Verteilen der Demonstrationsaufrufe als auch die Demonstrationsteilnahme untersagt werden.

Literaturhinweise zu den Fragen und Fällen zum Schulrecht

Böhm, Thomas: *Schulrechtliche Fallbearbeitungen für Pädagogen. Neuwied 1991*

Knudsen, Holger (Hrsg.): *Ergänzbare Sammlung schul- und prüfungsrechtlicher Entscheidungen (SPE)(neue Folge) (Loseblattwerk) 3 Ordner. Neuwied*

III Kleines Schulrechtslexikon

Stichwortverzeichnis:

Selbstverständlich kann dieses kleine Schulrechtslexikon nicht alle für das Schulrecht wichtigen Rechtsbegriffe erläutern.
Es erklärt aber einige Begriffe, die in den ersten beiden Teilen von Bedeutung waren.
Die Länge und Art der Darstellung orientieren sich an den ausführlicheren schulrechtlichen Lexika, auf die unten hingewiesen wird, um den Lesern einen Eindruck von der Nützlichkeit dieser Werke zu vermitteln.

Amtsblatt. Amtsblatt ist das Bekanntmachungsorgan einer obersten Landesbehörde, in dem Verwaltungsvorschriften dieser Behörde bekannt gemacht werden. Jeder Zweig der Verwaltung verfügt über eigene Amtsblätter.
Die von den Kultusministerien als obersten Landesbehörden im Schulwesen veröffentlichten Verwaltungsvorschriften werden in der Regel als Erlasse, Richtlinien oder Bekanntmachungen bezeichnet. Diese Verwaltungsvorschriften sollen ein einheitliches Handeln der Behörden sichern.

Im Gegensatz zu den im Gesetz- und Verordnungsblatt des jeweiligen Bundeslandes veröffentlichten Gesetzen und Rechtsverordnungen bedürfen Verwaltungsvorschriften zu ihrer Wirksamkeit allerdings nicht zwingend der Veröffentlichung, da es sich bei ihnen nicht um Rechtsnormen handelt, die die Bürger unmittelbar binden, sondern um verwaltungsinterne Weisungen.

Soweit im jeweiligen Bundesland obere Schulaufsichtsbehörden (zum Beispiel Regierungspräsidenten, Bezirksregierungen) existieren, verfügen diese über eigene Bekanntmachungsorgane, zum Beispiel Schulblätter, für die von ihnen geschaffenen Verwaltungsvorschriften.

Anzeigepflicht bei Straftaten.
Eine Anzeigepflicht bei Straftaten in der Schule besteht für Lehrer und Schulleiter ebenso wie für alle anderen Bürger gem. §138 StGB, wenn sie von dem Vorhaben oder der Ausführung bestimmter Straftaten zu einer Zeit, zu der die Ausführung oder der Erfolg noch abgewendet werden können, glaubhaft erfahren. Von den im § 138 StGB aufgeführten Straftaten dürften für den schulischen Bereich vor allem Raub und räuberische Erpressung von Bedeutung sein.

Können der Erfolg oder die Ausführung einer Straftat nicht mehr abgewendet werden oder handelt es sich um Straftaten, die nicht im § 138 StGB aufgeführt werden, liegt es weitgehend im Ermessen des für eine eventuelle Anzeigeerstattung zuständigen Schulleiters, ob Strafanzeige wegen einer in der Schule oder in Bezug auf die Schule begangenen Straftat erstattet wird.

Die Erstattung einer Strafanzeige ist aber dann zwingend geboten, wenn sie zum Schutz der Mitschüler etwa bei Drogenhandel erforderlich ist.

Von Straftaten im schulischen Bereich betroffenen Schülern und Eltern steht es selbstverständlich frei, unabhängig von einer Anzeige durch die Schule, Straftäter anzuzeigen.

Aufsicht: siehe Schulaufsicht

Befreiung vom Unterricht. Die Befreiung von der Teilnahme am Unterricht in bestimmten Fächern oder an schulischen Veranstaltungen ist zu unterscheiden von der Beurlaubung eines Schülers für kurze Zeit, um zum Beispiel die Teilnahme an religiösen Feiern zu ermöglichen.

Eine Befreiung vom Sportunterricht ist möglich, wenn der Gesundheitszustand eines Schülers die Teilnahme nicht erlaubt oder nicht ratsam erscheinen läßt.
Das Vorliegen entspechender gesundheitlicher Gründe ist durch ein ärztliches Attest nachzuweisen. Eine Überprüfung durch den Amtsarzt ist vor allem bei Anträgen auf dauernde oder langfristige Unterrichtsbefreiung denkbar.

Inwieweit unter bestimmten Voraussetzungen ein Anspruch auf Befreiung vom Schwimmunterricht oder sogar vom gesamten Sportunterricht aus Glaubensgründen bestehen kann, ist in der Rechtsprechung umstritten. (Für eine Befreiung vom Schwimmunterricht: OVG NW Urteil v. 12.7.1991, SPE 882 Nr. 5; für eine Befreiung vom Sportunterricht: Bay VGH Urteil v. 6.5.1987, SPE 882 Nr. 3; gegen eine Befreiung vom Sportunterricht: OVG NW Urteil vom 15.11.1991, SPE 882 Nr. 6)

Ein Anspruch auf Befreiung vom Sexualkundeunterricht, der fachgebunden oder fächerübergreifend durchgeführt wird, besteht nicht. Die Eltern haben aber einen besonders weitgehenden Anspruch auf Information über die Ziele, Inhalte und Methoden des Unterrichtes.

Nach Artikel 7 Abs. 2 GG bestimmen die Eltern über die Teilnahme des Kindes am Religionsunterricht.

Schüler können nach dem Gesetz über die religiöse Kindererziehung zwischen dem 12. und 14. Lebensjahr mit Zustimmung ihrer Eltern und nach Vollendung des 14. Lebensjahres selbständig die Befreiung vom Religionsunterricht beantragen. In Bayern, Rheinland-Pfalz und dem Saarland können die Schüler erst mit Vollendung des 18. Lebensjahres selbständig entscheiden.

Die Befreiung vom Religionsunterricht verleiht aber keinen Rechtsanspruch auf unterrichtsfreie Zeit. Vielmehr können die Schulgesetze des jeweiligen Bundeslandes die Teilnahme an einem Ersatzunterricht vorschreiben.

Besonderes Gewaltverhältnis. Beim besonderen Gewaltverhältnis handelt es sich um eine Rechtsfigur, die heute weitgehend aufgegeben oder entscheidend abgeschwächt worden ist.
Als besonderes Gewaltverhältnis wurden Sonderrechtsverhältnisse bezeichnet, zu denen das Verhältnis der Schüler zur Schule, das Beamtenverhältnis, das Soldatenverhältnis, das Strafgefangenenverhältnis und das Verhältnis der Anstaltsinsassen gerechnet wurden.

Innerhalb dieser besonderen Gewaltverhältnisse konnte in Grundrechte der genannten Personengruppen auch auf der Grundlage von Verwaltungsvorschriften eingegriffen werden.
Der rechtsstaatliche Grundsatz vom Vorbehalt des Gesetzes, demzufolge Eingriffe in Grundrechte einer gesetzlichen Grundlage bedürfen, galt innerhalb dieser Sonderrechtsverhältnisse nur sehr begrenzt.

Auch der Rechtsschutz gegen schulische Maßnahmen wurde durch die Auffassung vom besonderen Gewaltverhältnis eingeschränkt.

Das Bundesverfassungsgericht hat durch eine mit dem „Strafgefangenenfall“ aus dem Jahre 1972 (BVerfGE 33,1) beginnende Rechtsprechung auch für besondere Gewaltverhältnisse eine Einschränkung von Grundrechten nur auf Grund eines Gesetzes zugelassen.
Außerdem sind nach der Rechtsprechung des Bundesverfassungsgerichtes alle wesentlichen Entscheidungen im Schulwesen, zu denen alle Entscheidungen zu rechnen sind, die Grundrechte der Eltern und Schüler oder wesentliche Interessen der Gemeinschaft berühren, auf gesetzlicher Grundlage zu treffen.

Die Aufgabe der Rechtsfigur des besonderen Gewaltverhältnisses im Schulrecht hat den heutigen außerordentlich weitreichenden Rechtsschutz gegen schulische Entscheidungen ermöglicht.

Bildungs- und Erziehungsziele: siehe Erziehungsziele

Bundeselternrat. Der Bundeselternrat ist ein privater Verein, in dem sich Elternvertretungen der Länder auf freiwilliger Basis zusammengeschlossen haben.

Bund-Länder-Kommission für Bildungsplanung. Artikel 91b GG ermöglicht es Bund und Ländern auf Grund von Vereinbarungen bei der

Bildungsplanung und bei der Förderung von Einrichtungen und Vorhaben der wissenschaftlichen Forschung von überregionaler Bedeutung zusammenzuwirken.
Auf der Grundlage einer solchen Vereinbarung zwischen Bund und Ländern wurde die Bund-Länder-Kommission für Bildungsplanung 1970 gegründet, deren Bezeichnung später der Zusatz „und Forschungsförderung" hinzugefügt wurde.
In dieser Kommission sind Vertreter des Bundes und der Länder gleichberechtigt vertreten.

Die Beschlüsse der Bund-Länder-Kommission binden weder den Bund noch die Länder unmittelbar. Sie haben lediglich den Charakter von Empfehlungen.
Während die BLK mit dem Bildungsgesamtplan aus dem Jahre 1973 noch Einfluß auf das Bildungswesen ausüben konnte, ist sie heute wegen der Meinungsverschiedenheiten zwischen Bund und Ländern und der Länder untereinander sowie einer geschwundenen Überzeugung vom Wert bundeseinheitlicher Bildungsplanung weitgehend bedeutungslos.

Dienstaufsichtsbeschwerde. Die Dienstaufsichtsbeschwerde beruht wie die anderen Formen der Beschwerde (Gegenvorstellung, Fachaufsichtsbeschwerde) auf dem Petitionsrecht des Artikel 17 GG.
Sie ist ebenso wie die anderen Beschwerdeformen an keine Form und keine Frist gebunden. Sie kann daher auch mündlich und auch längere Zeit nach dem Vorfall, der Anlaß zur Beschwerde gegeben hat, eingelegt werden.

Mit der Dienstaufsichtsbeschwerde wenden Eltern und Schüler sich an die nächsthöhere Behörde, also an die untere oder obere Schulaufsichtsbehörde, wenn das Verhalten eines Lehrers oder Schulleiters Anlaß der Beschwerde ist.

Eltern und Schüler müssen bei der Dienstaufsichtsbeschwerde aber ebensowenig wie bei anderen Beschwerdeformen einen Dienstweg einhalten.

Die Dienstaufsichtsbeschwerde richtet sich gegen das persönliche Verhalten des Bediensteten einer Behörde.
Im Mittelpunkt der Dienstaufsichtsbeschwerde steht daher nicht eine bestimmte Maßnahme, sondern persönliches Verhalten wie beleidigende Äußerungen oder extreme Unhöflichkeit.

Elternrecht. Beim Elternrecht sind ein individuelles und ein kollektives Elternrecht zu unterscheiden. Größere rechtliche und tatsächliche Bedeutung kommt dem individuellen Elternrecht zu.

Das *individuelle Elternrecht* beruht auf Art. 6 Abs. 2 S. 1 GG, der Pflege und Erziehung der Kinder als natürliches Recht der Eltern und die ihnen zuvörderst obliegende Pflicht bezeichnet.
Dem individuellen Elternrecht steht im Schulwesen das in Art. 7 Abs. 1 GG garantierte Recht des Staates zur Aufsicht über das gesamte Schulwesen gegenüber. Beide Rechtspositionen werden von der höchstrichterlichen Rechtsprechung als gleichrangig betrachtet.
In konkreten Einzelfällen wird dem Bildungs- und Erziehungsauftrag des Staates im Schulwesen aber bis zur Grenze der Willkür oder Indoktrination der Vorrang eingeräumt.

Aus dem individuellen Elternrecht ergibt sich nach der Rechtsprechung daher nur ein Anspruch auf Wahl zwischen den vom Staat zur Verfügung gestellten Schulformen unter vom Staat festzulegenden Voraussetzungen, aber kein Anspruch auf Einrichtung oder Erhalt einer bestimmten Schulform.
In einigen Ländern wie zum Beispiel in Nordrhein-Westfalen können die Eltern nicht nur zwischen Schulformen, sondern auch zwischen Schularten - Gemeinschafts- oder Bekenntnisschulen - wählen.

Die Eltern haben der Schule gegenüber ein Informationsrecht in Bezug auf alle Tatsachen, die für die Ausübung ihres Erziehungsrechtes bedeutsam sind.
Dazu gehören zum Beispiel Informationen über den Leistungsstand des Kindes und etwaiges Fehlverhalten in der Schule. Ein entsprechendes Informationsrecht ist in den Schulgesetzen der Länder verankert.

Bei der Wahrnehmung des Elternrechtes, das beiden Elternteilen gemeinsam zusteht, können sich die Eltern gegenseitig vertreten.
Dabei ist in der Regel davon auszugehen, daß ein allein handelnder Elternteil den anderen vertritt, sofern keine Anhaltspunkte für einen entgegenstehenden Willen des anderen Elternteiles vorliegen.

Das Elternrecht können die nach §1626ff BGB Personensorgeberechtigten wahrnehmen.
Einige landesrechtliche Regelungen sehen aber vor, daß darüber hinaus auch weitere Personen generell oder für bestimmte Bereiche als Erziehungsberechtigte zu betrachten sind.
So können zum Beispiel gem. § 2 Abs. 3 saarl. SchMG und § 41 Abs. 1 Nr. 2 brem. SchulG auch Personen Erziehungsberechtigte sein, denen anstelle der Eltern die Erziehung

eines Kindes ganz oder teilweise obliegt.
Andere landesrechtliche Regelungen ermöglichen die Übertragung der Rechte der Erziehungsberechtigten auf Dritte (zum Beispiel § 69 Abs. 2 NSchG; § 32 Abs. 3 rh.-pf. SchulG).

Das *kollektive Elternrecht* bezieht sich auf die Mitwirkung der Eltern in Gremien der Schule, denen entweder wie bei der Versammlung der Eltern einer Klasse ausschließlich oder überwiegend Eltern angehören oder in denen wie in der Schulkonferenz neben Eltern auch Lehrer und Schüler vertreten sind.

Im Gegensatz zum individuellen Elternrecht ist das kollektive Elternrecht nicht grundgesetzlich garantiert.
Einige Landesverfassungen enthalten aber Garantien der kollektiven Mitwirkung der Eltern im Schulwesen (Art. 17 Abs. 4 LV BW; Art. 56 Abs. 6 LV Hess; Art. 10 Abs. 2 LV NW). Soweit Landesverfassungen solche Garantien nicht enthalten, beruht die kollektive Mitwirkung der Eltern ausschließlich auf Landesgesetzen.

Gremien der kollektiven Elternmitwirkung können durch Beschlüsse nicht die Ausübung des individuellen Elternrechtes beschränken, also zum Beispiel nicht für alle Eltern verbindlich auf einen Informationsanspruch in Bezug auf bestimmte Leistungsbewertungen oder erzieherische Einwirkungen seitens der Schule verzichten.

Erziehungsziele. Die in zahlreichen Landesverfassungen - Ausnahmen bilden Berlin, Hamburg, Niedersachsen und Schleswig-Holstein - und den Schulgesetzen der Länder festgelegten Bildungs- und Erziehungsziele gelten für alle Schulformen und alle Unterrichtsfächer. Sie werden daher auch als Richtziele des Bildungswesens bezeichnet.
Es handelt sich bei ihnen nicht um unverbindliche Programmsätze, sondern um für die Bildung und Erziehung an den Schulen verbindliche Ziele.

Zu den in den Landesverfassungen genannten Erziehungszielen gehören die Bereitschaft zu sozialem Handeln, Toleranz, Völkerverständigung, Liebe zu Volk und Heimat, sittliche und politische Verantwortlichkeit sowie die Verantwortung für die Erhaltung der natürlichen Lebensgrundlagen.

Fahrlässigkeit. Gem. § 276 Abs. 1 Satz 2 BGB handelt fahrlässig, wer die im Verkehr erforderliche Sorgfalt außer acht läßt.
Es werden die leichte und die grobe Fahrlässigkeit unterschieden.

Grobe Fahrlässigkeit liegt vor, wenn die im Verkehr erforderliche Sorgfalt in besonderem Maße verletzt wird, d.h. wenn das nicht beachtet wird, was in der gegebenen Situation jedem einleuchten muß.

Bei den Sorgfaltspflichten ist auf den jeweiligen Verkehrskreis abzustellen. Die Anforderungen an die Sorgfaltspflichten eines ausgebildeten Pädagogen sind daher höher als an die eines Laien.
Andererseits wird aber nicht das Handeln eines gedachten perfekten Pädagogen zugrundegelegt, sondern das Handeln eines Durchschnittslehrers, um einen unrealistisch strengen Maßstab zu vermeiden.
Letztlich ist es eine Wertungsfrage, ob ein bestimmtes Verhalten als fahrlässig oder als grob fahrlässig einzuschätzen ist.
Von der Rechtsprechung entschiedene konkrete Einzelfälle können Anhaltspunkte für die Beurteilung der in der eigenen schulischen Praxis auftretenden Fälle liefern.

Die Unterscheidung von *(leichter) Fahrlässigkeit* und grober Fahrlässigkeit ist unter anderem von Bedeutung für den Rückgriff des Staates bei Amtshaftung.
Verletzt ein Lehrer in Ausübung des ihm anvertrauten öffentlichen Amtes die ihm einem Dritten gegenüber, also zum Beispiel einem Schüler bei der Aufsichtsführung, obliegende Amtspflicht, so trifft die Verantwortlichkeit grundsätzlich den Staat oder die Körperschaft, in deren Dienst er steht.
Bei Vorsatz oder grober Fahrlässigkeit bleibt der Rückgriff vorbehalten (Art. 34 Satz 1 und 2 GG).
Bei fahrlässigem Fehlverhalten haftet der Staat an Stelle des Amtsträgers.
Bei grober Fahrlässigkeit kann der Staat den Lehrer in Regreß nehmen, also die Erstattung des geleisteten Schadensersatzes verlangen.

Freie Schulen. Die Freien Schulen werden auch als Schulen in freier Trägerschaft oder Privatschulen bezeichnet, ohne daß damit rechtlich erhebliche Unterschiede verbunden wären.
Die Freie Schule oder Privatschule kann definiert werden als eine von einem privaten Träger auf Grund freier Initiative errichtete und betriebene Schule, die Erziehung und Unterricht in eigener Verantwortung gestaltet und die von Eltern und Schülern frei gewählt werden kann (Heckel, Avenarius: Schulrechtskunde, Nr. 12.1).

Das Grundgesetz garantiert das Recht zur Errichtung privater Schulen in Artikel 7 Abs. 4 GG:
„Das Recht zur Errichtung von priva-

ten Schulen wird gewährleistet.
Private Schulen als Ersatz für öffentliche Schulen bedürfen der Genehmigung des Staates und unterstehen den Landesgesetzen.
Die Genehmigung ist zu erteilen, wenn die privaten Schulen in ihren Lehrzielen und Einrichtungen sowie in der wissenschaftlichen Ausbildung ihrer Lehrkräfte nicht hinter den öffentlichen Schulen zurückstehen und eine Sonderung der Schüler nach den Besitzverhältnissen der Eltern nicht gefördert wird.
Die Genehmigung ist zu versagen, wenn die wirtschaftliche und rechtliche Stellung der Lehrkräfte nicht genügend gesichert ist."

Aus Artikel 7 Abs. 4 GG ergibt sich die Unterscheidung von Ersatz- und Ergänzungsschulen.
Eine Schule ist Ersatzschule, wenn in dem jeweiligen Bundesland entsprechende öffentliche Schulen bestehen oder grundsätzlich vorgesehen sind.
Die private Ersatzschule bedarf einer staatlichen Genehmigung, auf die sie bei Vorliegen der in Art. 7 Abs. 4 GG genannten Voraussetzungen einen Rechtsanspruch hat.
Die Ergänzungsschule ersetzt keine vergleichbare öffentliche Schule und bedarf auch keiner staatlichen Genehmigung. Ihre Gründung ist lediglich anzuzeigen.
Lehrziele und Einrichtungen der privaten Ersatzschulen müssen denen entsprechender öffentlicher Schulen nicht genau entsprechen, sondern dürfen lediglich nicht hinter diesen zurückstehen.
Diese Genehmigungsvoraussetzung soll das Entstehen qualitativ minderwertiger Ersatzschulen verhindern.
Unter welchen Voraussetzungen eine private Ersatzschule hinter öffentlichen Schulen zurücksteht, gehört zu den zahlreichen umstrittenen Fragen im Recht der Freien Schulen.

Die meisten Bundesländer unterscheiden zwischen genehmigten Ersatzschulen, an denen die Schulpflicht erfüllt werden kann, und anerkannten Ersatzschulen, die die gleichen Berechtigungen (Zeugnisse, Schulabschlüsse) verleihen können wie entsprechende öffentliche Schulen.

Normalerweise können nur anerkannte Ersatzschulen erfolgreich mit öffentlichen Schulen konkurrieren.

Gesetz- und Verordnungsblatt.
Gesetze und Rechtsverordnungen müssen, um in Kraft treten zu können, im Gesetz- und Verordnungsblatt des Bundes oder des jeweiligen Bundeslandes verkündet werden.

Sie werden damit in der für jedermann verbindlichen Form öffentlich bekanntgemacht. Art. 82 GG sieht ähnlich wie die entsprechenden Vorschriften der Landesverfassungen vor, daß ein Gesetz oder eine Rechtsverordnung im Bundesgesetzblatt verkündet wird und mit dem festgelegten Tag des Inkrafttretens oder mit dem vierzehnten Tage nach Ablauf des Tages in Kraft tritt, an dem das Bundesgesetzblatt ausgegeben worden ist.

Glaubens- und Gewissensfreiheit. Artikel 4 Abs. 1 und 2 GG garantiert die Freiheit des Glaubens, des Gewissens und die Freiheit des religiösen und weltanschaulichen Bekenntnisses sowie die ungestörte Religionsausübung.
Im Schulwesen sind diese Grundrechte gegen den auf Art. 7 Abs. 1 GG beruhenden staatlichen Bildungs- und Erziehungsauftrag abzuwägen.

Ausfluß der Glaubens- und Gewissensfreiheit ist das Recht, eine Abmeldung vom Religionsunterricht vorzunehmen, sich zur Teilnahme an religiösen Feiern beurlauben zu lassen, religiöse Symbole zu tragen und von der Schule die Respektierung der Glaubensüberzeugungen zu verlangen.
Inwieweit die Glaubens- und Gewissensfreiheit einen Anspruch auf Befreiung von bestimmten Unterrichts- und Schulveranstaltungen gewährt, ist umstritten (s. Befreiung).

Informationsrecht. Eltern und Schüler haben der Schule gegenüber einen Anspruch auf Information, der in den Schulgesetzen der Länder verankert ist, sich aber auch aus dem Grundgesetz (Art. 2 Abs. 1 GG „Freie Entfaltung der Persönlichkeit" und Art. 6 Abs. 2 S. 1 GG „Elternrecht") ableiten läßt.

Eltern und Schüler haben einen Anspruch auf alle Informationen, die Voraussetzung sind für die Wahrnehmung ihrer Rechte in der Schule.

Dazu gehören zum Beispiel Informationen über verschiedene Bildungsgänge, zwischen denen die Eltern wählen können, und verschiedene Fächer oder Kurse, zwischen denen gewählt werden kann. Dazu gehören aber auch Informationen, die zur Wahrnehmung des elterlichen Erziehungsrechtes erforderlich sind wie Informationen zum Fehlverhalten ihres Kindes in der Schule und zu Erziehungsproblemen. Aus dem Elternrecht und dem Bildungsanspruch der Schüler ergeben sich die Ansprüche auf Information über den Leistungsstand.

Informationsansprüche stehen den Eltern und Schülern aber nur in den Grenzen des der Schule Zumutbaren zu, d.h. die Eltern und Schüler haben keinen Anspruch auf jederzeitige umfassende Information, sondern können auf Sprechstunden, Sprechtage und die Möglichkeit der Vereinbarung von Einzelterminen verwiesen werden.

Aus der Verschwiegenheitspflicht der Lehrer und dem Datenschutz ergibt sich, daß Eltern und Schüler keinen Anspruch auf Mitteilungen haben, die aussschließlich andere Schüler betreffen.
Zum Informationsanspruch gehört aber auch die gelegentliche Information über den Leistungsstand des Kindes in der Klasse etwa durch einen Notenspiegel.
Mitteilungen über Leistungen oder Verhalten einzelner Mitschüler können zulässig sein, wenn sie zur Verfolgung eigener Rechte notwendig sind, also zum Beispiel zur Überprüfung der Rechtmäßigkeit einer Leistungsbewertung oder zur Durchsetzung von Schadensersatzansprüchen gegen andere Schüler.

Körperliche Züchtigung. Die körperliche Züchtigung von Schülern untersagen Gesetze, Rechtsverordnungen oder Verwaltungsvorschriften der Bundesländer.
Ein bis gegen Ende der siebziger Jahre von der Rechtsprechung anerkanntes Gewohnheitsrecht auf maßvolle Züchtigung im Grundschulbereich existiert damit nicht mehr.

Körperliche Züchtigung ist ein Verhalten, das auch als Körperverletzung im Amt gem. § 340 StGB strafbar ist.
Die körperliche Züchtigung kann unabhängig von einem möglichen Strafverfahren wegen Körperverletzung im Amt disziplinarisch geahndet werden.
Die Rechtsprechung definiert die Körperverletzung als ein übles, unangemessenes Verhalten, durch das das körperliche Wohlbefinden oder die körperliche Unversehrtheit des Betroffenen in mehr als nur unerheblichem Maße beeinträchtigt wird.
Keine Körperverletzung stellen daher ein leichter Klaps, ein Abdrängen oder Festhalten von Schülern sowie ein leichtes Knuffen unaufmerksamer Schüler dar (Staupe: Schulrecht von A-Z, Seite 100; Heckel, Avenarius: Schulrechtskunde, Seite 389).
Eine Ohrfeige ist dagegen in der Regel eine Körperverletzung und körperliche Züchtigung.

Liegt eine körperliche Züchtigung und damit eine Körperverletzung im Amt tatbestandlich vor, ist zu prüfen, ob sie durch Rechtfertigungsgründe wie Notwehr, Nothilfe oder Notstand gerechtfertigt ist.

Neutralitätsgebot: siehe Toleranz

Ordnungsmaßnahmen. Bei Verstößen der Schüler gegen die Schulpflicht, gegen die Schulordnung oder den Bildungs- und Erziehungsauftrag der Schule können erzieherische Maßnahmen oder Ordnungsmaßnahmen ergriffen werden.

Während die erzieherischen Maßnahmen in den Schulgesetzen der Länder allenfalls beispielhaft erwähnt werden und ihre Art und Zahl nicht bestimmt sind, werden die Ordnungsmaßnahmen abschließend aufgezählt.
Die Schule darf den Katalog der Ordnungsmaßnahmen nicht erweitern.

Zu den in den Schulgesetzen vorgesehenen Ordnungsmaßnahmen gehören in der Regel: der schriftliche Verweis, der Ausschluß vom Unterricht und von Schulveranstaltungen für mehrere Tage oder Wochen, die Überweisung an eine parallele Klasse, die Androhung der Entlassung von der Schule, die Entlassung von der Schule und die Verweisung von allen Schulen des Landes.
Die Ordnungsmaßnahmen können nach Durchführung eines festgelegten Verfahrens je nach landesrechtlicher Regelung und der Schwere der Maßnahme von Konferenzen, dem Schulleiter oder Lehrern verhängt werden.
Die Entlassung von der Schule auf Grund eines Konferenzbeschlusses bedarf in der Regel der Genehmigung der Schulaufsicht.
Die Verweisung von allen Schulen des Landes kann nur die oberste Schulaufsichtsbehörde (der Kultusminister) aussprechen.

Gefährdet ein Schüler den Bildungs- und Erziehungsauftrag der Schule oder die Sicherheit von Personen oder Sachen in besonderem Maße, kann der Schulleiter vor Verhängung einer Ordnungsmaßnahme den sofortigen Ausschluß des Schülers von allen Unterrichtsveranstaltungen und sonstigen Schulveranstaltungen anordnen.

Wichtiger Bestandteil des vor Verhängung einer Ordnungsmaßnahme durchzuführenden Verfahrens ist das Anhörungsrecht des Schülers und der Eltern, das in den meisten landesgesetzlichen Regelungen auch ausdrücklich vorgeschrieben ist.
Sollte eine Anhörung versäumt worden sein, kann dieser Verfahrensfehler allerdings gem. § 45 Abs. 1 Nr. 3 VwVfG nachgeholt werden.
Für ein Nachholen der Anhörung bietet sich das Widerspruchsverfahren an.

Die Ordnungsmaßnahmen dienen der Sicherung der schulischen Ordnung.
Bei der Entscheidung über eine Ord-

nungsmaßnahme sind daher neben dem Fehlverhalten des betroffenen Schülers und einer abschreckenden Wirkung auf diesen Schüler auch die Auswirkungen dieses Fehlverhaltens auf die Mitschüler und eine abschreckende Wirkung auf eventuelle Nachahmungstäter unter den Mitschülern zu berücksichtigen.
Allerdings darf die gewünschte abschreckende Wirkung auf die Mitschüler nicht so sehr im Vordergrund stehen, daß eine angesichts des individuellen Fehlverhaltens völlig unverhältnismäßige Maßnahme verhängt wird.

Privatschulen: siehe Freie Schulen

Rechtsbehelfsbelehrung. Verwaltungsakte, zu denen an öffentlichen Schulen beispielsweise Versetzungsentscheidungen und Ordnungsmaßnahmen gehören, können mit einer Rechtsbehelfsbelehrung versehen werden.
Die Rechtsbehelfsbelehrung muß die Form und Frist für das Einlegen eines Rechtsbehelfes sowie die Stelle angeben, bei der der Rechtsbehelf eingelegt werden kann.

Bei einem schriftlich erlassenen anfechtbaren belastenden Verwaltungsakt lautet die Rechtbehelfsbelehrung in der Regel:
Gegen diesen Bescheid kann innerhalb eines Monats nach Bekanntgabe Widerspruch erhoben werden. Der Widerspruch ist bei ... (Anschrift der Behörde, die den Verwaltungsakt erlassen hat, also normalerweise der Schule) schriftlich oder zur Niederschrift einzulegen."

Ist ein Verwaltungsakt mit einer Rechtsbehelfsbelehrung versehen, müssen die Adressaten gem. § 70 VwGO innerhalb eines Monats nach Bekanntgabe Widerspruch einlegen.
Versäumen sie diese Frist, können sie diesen Verwaltungsakt nicht mehr mit rechtlichen Mitteln anfechten. Ist ein Verwaltungsakt dagegen nicht mit einer Rechtsbehelfsbelehrung versehen, verlängert sich die Widerspruchsfrist gem. §§ 70 Abs. 2, 58 Abs. 2 VwGO auf ein Jahr.

Rechtsstaat. Das Rechtsstaatsgebot ist in Art. 20 Abs. 3 und 28 Abs. 1 GG verankert.
Zu den Merkmalen des Rechtsstaates gehören vor allem die Gesetzmäßigkeit der Verwaltung, der Rechtsschutz durch Gerichte und die Gewaltenteilung.

Die Gesetzmäßigkeit der Verwaltung führt zu den Prinzipien des Vorranges des Gesetzes und des Vorbehaltes des Gesetzes.
Der Vorrang des Gesetzes bedeutet, daß die Exekutive nicht gegen Gesetze und die Verfassung verstoßen darf. Der Vorbehalt des Gesetzes verlangt, daß Eingriffe in Rechte

der Bürger nur auf der Grundlage eines Gesetzes rechtmäßig sind.
Die bis in die siebziger Jahre durch die Rechtsfigur des besonderen Gewaltverhältnisses eingeschränkte Geltung des Vorbehaltes des Gesetzes im Schulwesen ist durch die Rechtsprechung des Bundesverfassungsgerichtes beseitigt worden.

Artikel 19 Abs. 4 GG garantiert allen Bürgern, die durch die öffentliche Gewalt in ihren Rechten verletzt werden, die Möglichkeit, unabhängige Gerichte anzurufen.
Im schulischen Bereich ist schon seit den fünfziger Jahren eine Tendenz zur Ausdehnung des gerichtlichen Rechtsschutzes auf immer weitere Bereiche des schulischen Handelns zu beobachten.

Das Prinzip der Gewaltenteilung soll durch Unterscheidung und Trennung der gesetzgebenden, vollziehenden und rechtsprechenden Gewalt eine gegenseitige Kontrolle und Machtbegrenzung herbeiführen, die die Freiheit der Bürger sichert.

Das Prinzip der Gewaltenteilung ist im schulischen Bereich ebenso wie in anderen staatlichen Bereichen durch die nahezu vollständige parteipolitische Durchdringung der Exekutive und das enge Zusammenspiel von Regierung und parlamentarischer Mehrheit nur noch in abgeschwächter Form verwirklicht.

Schülerzeitungen. Im Unterschied zur Schulzeitung, die von der Schule herausgegeben wird und an der normalerweise Lehrer, Eltern, Schüler und Ehemalige mitarbeiten, werden Schülerzeitungen von Schülern einer oder mehrerer Schulen für die Schüler dieser Schulen herausgegeben.

Verantwortlich für den Inhalt einer Schülerzeitung sind ausschließlich die im Impressum als verantwortlich benannten Schüler.
Lediglich Bayern kennt eine Schülerzeitung als schulische Veranstaltung, die von der Schulleitung zu verantworten ist.

Zeitungen und Zeitschriften, die von politischen oder anderen Jugendorganisationen für Schüler herausgegeben werden, sind keine Schülerzeitungen, sondern Publikationen ohne Bezug zu einer bestimmten Schule.
Sie werden wie alle anderen von außen an die Schule herangetragenen Veröffentlichungen behandelt und dürfen daher in der Regel in der Schule nicht verteilt werden, da die Schule zur Unparteilichkeit verpflichtet ist und keine wirtschaftliche Werbung zulassen darf.

Sofern die Schulgesetze vorsehen, daß die Schülerzeitungsredakteure sich von einem Beratungslehrer beraten lassen sollen, übernimmt die-

ser Lehrer keine unmittelbare Verantwortung für den Inhalt der Schülerzeitung.
Die für die Schülerzeitung verantwortlichen Schüler sind ausschließlich selbst presserechtlich, strafrechtlich und zivilrechtlich verantwortlich.
Zum Abschluß von Rechtsgeschäften, die nicht ausschließlich rechtlich vorteilhaft sind, bedürfen sie der Zustimmung ihrer Erziehungsberechtigten, soweit sie noch nicht volljährig und damit geschäftsfähig sind.

Art. 5 Abs. 1 S. 3 GG verbietet die Vorzensur. Die Verbreitung einer Schülerzeitung auf dem Schulgelände kann daher nicht von der vorherigen ausdrücklichen Zustimmung des Schulleiters abhängig gemacht werden.
Der Schulleiter kann aber die Verbreitung verbieten, falls der Inhalt einer Schülerzeitung schwerwiegend gegen den Bildungs- und Erziehungsauftrag der Schule verstößt, den Schulfrieden ernstlich gefährdet oder strafbare Handlungen wie Beleidigungen darstellt.

Schulaufsicht. Es sind eine Schulaufsicht im weiteren Sinne, die auch als Schulhoheit bezeichnet wird, und eine Schulaufsicht im engeren Sinne zu unterscheiden.
Zur Schulhoheit gehören die der Rechtsprechung des Bundesverfassungs- und Bundesverwaltungsgerichtes zufolge in Art. 7 Abs. 1 GG und den entsprechenden Artikeln der Landesverfassungen verankerten staatlichen Befugnisse zur Organisation, Planung und Leitung des Schulwesens.
Die Schulhoheit wird vor allem vom Gesetzgeber, teilweise aber auch von der Exekutive wahrgenommen.

Zur Schulaufsicht im engeren Sinne gehört dagegen die Überwachung der inneren und äußeren Schulangelegenheiten, die von der Exekutive, im Schulwesen also vor allem von den Schulaufsichtsbehörden, wahrgenommen wird.
Bei der Schulaufsicht im engeren Sinne sind die drei Bereiche der *Fachaufsicht*, der *Dienstaufsicht* und der *Rechtsaufsicht* über die Schulträger zu unterscheiden.

Die *Fachaufsicht* ist die Aufsicht über die Bildungs- und Erziehungsarbeit in der Schule.
Sie kontrolliert die Einhaltung der Richtlinien und Lehrpläne und aller anderen, die pädagogische Arbeit regelnden Normen, kann den Lehrern aber auch fachliche Weisungen in bezug auf ihre Unterrichtstätigkeit und sonstige pädagogische Arbeit erteilen, die ausschließlich auf pädagogischen Zweckmäßigkeitserwägungen beruhen.

Eine vollständige Beschränkung der Fachaufsicht auf eine reine Rechtsaufsicht hat bisher kein Bundesland vorgenommen.
Einige Bundesländer haben aber wie zum Beispiel Bremen, Hessen und Niedersachsen eine Begrenzung der fachaufsichtlichen Befugnisse in Richtung auf eine Rechtsaufsicht vorgenommen, die die pädagogische Freiheit der Lehrer rechtlich absichern soll.

Die *Dienstaufsicht* über die Lehrer und das sonstige pädagogische Personal bezieht sich auf die ordnungsgemäß Aufgabenerfüllung der Behörde Schule und die Pflichterfüllung der in ihr tätigen Bediensteten.

Die Dienstaufsicht kann Weisungen zum Beispiel zur Pünktlichkeit oder ordentlichen Unterrichtsvorbereitung erteilen.
Sie trifft die beamtenrechtlichen Entscheidungen in persönlichen Angelegenheiten der Lehrer wie Versetzungsentscheidungen oder Genehmigung von Nebentätigkeiten.
Zur Dienstaufsicht gehören auch die disziplinarrechtlichen Befugnisse. Dienst- und fachaufsichtliche Entscheidungen sind oft wie beispielsweise bei der Entscheidung über die Beförderung eines Beamten sehr eng miteinander verbunden.

Die *Rechtsaufsicht* wendet sich im Gegensatz zur Fachaufsicht nicht an die einzelne Schule oder die in ihr Tätigen, sondern an die in der Regel kommunalen Schulträger, deren Aufgabenerfüllung sie überwacht.

Die Schulaufsicht bedarf hierzu der Unterstützung der Kommunalaufsicht, soweit diese Aufgabe nicht von vornherein von der Kommunalaufsicht wahrgenommen wird.
Die Rechtsaufsicht überprüft, ob die Schulträger ihre gesetzlichen Verpflichtungen, zu denen beispielsweise die Errichtung und Ausstattung von Schulen gehören, erfüllen.

Schulbücher. Schulbücher dürfen nur dann in den Schulen verwendet werden, wenn sie vom jeweiligen Kultusministerium genehmigt wurden.

Das Genehmigungsverfahren ist teilweise in Gesetzen und Rechtsverordnungen, in einigen Bundesländern aber auch in Verwaltungsvorschriften geregelt, obwohl es wegen des mit der Genehmigung verbundenen Eingriffs in Rechte der Eltern und Schüler sowie der Verlage und Autoren nach der in der juristischen Literatur vorherrschenden Meinung einer gesetzlichen Regelung bedarf.
Die Genehmigungsverfahren der Länder beruhen weitgehend auf den „Richtlinien für die Genehmigung von Schulbüchern“, die die Kultusministerkonferenz beschlossen hat

(BeschlS. 490, 1). Die Genehmigungsentscheidung der Kultusministerien stützt sich üblicherweise auf Gutachten, die vom Kultusministerium bestellte Gutachter erstellt haben.

Die Entscheidung über die Genehmigung von Schulbüchern für den Religionsunterricht wird im Einvernehmen mit den jeweiligen Kirchen getroffen.

Eine Auswahl unter den vom Kultusministerium genehmigten Schulbüchern trifft in aller Regel eine Konferenz auf Schulebene, deren Entscheidung aber in einigen Bundesländern der Genehmigung durch die Schulaufsicht bedarf.

Schule. Der Begriff der Schule im schulrechtlichen Sinne wird von §1 SchVG NW in einer Weise definiert, die nicht nur für das nordrhein-westfälische Schulrecht, sondern für das Schulrecht aller Länder brauchbar ist:

„Schulen im Sinne dieses Gesetzes sind Bildungsstätten, in denen Unterricht unabhängig vom Wechsel der Lehrer und Schüler nach einem von der Schulaufsichtsbehörde ... festgesetzten oder genehmigten Lehrplan erteilt wird.“ Diese Definition gilt nicht nur für öffentliche, sondern auch für private Schulen.

Schulträger. Schulträger ist, wer für die Errichtung, Organisation und Verwaltungsführung der einzelnen Schule rechtlich unmittelbar die Verantwortung trägt und zur Unterhaltung der Schule eigene Leistungen erbringt (so zum Beispiel § 2 Abs. 1 SchVG NW).

Bei öffentlichen Schulen sind normalerweise die Gemeinden, Gemeindeverbände, Kreise oder kreisfreien Städte Schulträger. Träger öffentlicher Schulen können aber auch der Staat, eine Innung oder eine Kammer sein.

Träger privater Schulen können die Kirchen, Vereine, Stiftungen, andere juristische Personen, aber auch natürliche Personen sein.

Die einzelnen Bundesländer haben unterschiedliche Regelungen hinsichtlich der Schulträgerschaft getroffen.

Zu den Aufgaben der Schulträger gehören die sogenannten äußeren Schulangelegenheiten wie Schulneubau und andere schulische Baumaßnahmen, die Unterhaltung und Ausstattung der Schulen, die Schülerbeförderung sowie die Kosten für das nichtlehrende Personal wie Hausmeister und Sekretärin.

Der zuständige Schulträger ist verpflichtet, bedarfsgerecht Schulen zur Verfügung zu stellen.

Die Errichtung, Änderung und Auflösung von Schulen ist aber nur mit der Zustimmung des Kultusministe-

riums möglich.
Die Schulträger unterliegen bei der Erfüllung ihrer Aufgaben der Rechtsaufsicht des Landes.
Ihr eigener Gestaltungsspielraum ist auf Grund enger rechtlicher Vorgaben der Länder und der Zustimmungsbedürftigkeit bestimmter Maßnahmen eng begrenzt.

Toleranz. Die Schule als staatliche Institution ist zur Unparteilichkeit und Toleranz verpflichtet.
Diese Verpflichtung ergibt sich in einigen Ländern aus den Landesverfassungen, die als Bildungs- und Erziehungsziel auch die Erziehung zu Toleranz und Duldsamkeit gegenüber Andersdenkenden enthalten.
Sie ergibt sich aber auch aus den Grundrechten der Eltern und Schüler und ist in den meisten Schulgesetzen ausdrücklich festgeschrieben.

Zur Unparteilichkeit und Toleranz ist aber nicht nur die Schule als Institution verpflichtet, sondern auch jeder einzelne Lehrer, da diese Verpflichtung ins Leere liefe, wenn es jedem Lehrer freistünde, parteilich und intolerant zu erziehen.

Die Verpflichtung zur Unparteilichkeit und Toleranz bedeutet aber nicht, daß die Schule und einzelne Lehrer sich jeder wertenden Stellungnahme und politischen Äußerung enthalten müßten, da eine solche Forderung den Erziehungsauftrag der Schule unmöglich machen würde und Lehrer, die jedes Bekenntnis zu eigenen Überzeugungen verweigern müßten, erziehungsunfähig und in den Augen der Schüler unglaubwürdig würden.
Völlig unabdingbar ist das Bekenntnis zur freiheitlichen demokratischen Grundordnung, also zu Demokratie und Rechtsstaat, als grundlegendem Erziehungsziel.

Darüber hinaus steht es jedem Land frei, eigene bildungspolitische Ziele im Rahmen der jeweiligen Landesverfassung zu verfolgen.
Die Verfolgung eigener Erziehungsziele durch die Schule darf aber nicht dazu führen, daß andere Auffassungen in einer keinen Widerspruch duldenden Weise abgewertet werden.
Für den Unterricht der einzelnen Lehrer bedeutet das, daß sie durch die Landesverfassungen und Landesgesetze sowie die Richtlinien und Lehrpläne auf bestimmte Erziehungsziele verpflichtet sind, die aber eine eigene kritische Stellungnahme, insbesondere auf Befragen durch die Schüler nicht ausschließen, sofern die freiheitliche demokratische Grundordnung nicht in Frage gestellt wird (zu der aber zum Beispiel nicht alle Grundrechte, son-

dern lediglich die Artikel 1 und 20 GG zu rechnen sind), andere Meinungen dargestellt und nicht von vornherein abgewertet werden und den Schülern die Möglichkeit zum Widerspruch bleibt.

Das Tragen von Parteiabzeichen und anderen Plaketten ist Lehrern in der Schule verboten, da es einen Verstoß gegen die Unparteilichkeit der Schule darstellt, die Autorität der Lehrer zu politischer, religiöser oder weltanschaulicher Propaganda mißbraucht und die Gefahr der stark emotional geprägten Abwertung anderer Auffassungen in sich birgt.

Vorläufiger Rechtsschutz. Beim vorläufigen Rechtsschutz ist zwischen dem Rechtsschutz gegen belastende Verwaltungsakten und gegen andere schulische Maßnahmen zu unterscheiden.

Handelt es sich bei der für rechtswidrig gehaltenen Maßnahme um einen belastenden Verwaltungsakt, also zum Beispiel eine Ordnungsmaßnahme, gewährt die aufschiebende Wirkung eines Widerspruches gem. § 80 Abs. 1 VwGO vorläufigen Rechtsschutz, da sie den Vollzug der Maßnahme zunächst verhindert.
Ordnet die Behörde gem. § 80 Abs. 2 Nr. 4 VwGO im öffentlichen Interesse oder im überwiegenden Interesse eines Beteiligten die sofortige Vollziehung an, kann der Betroffene beim Verwaltungsgericht gem. § 80 Abs. 5 VwGO einen Antrag auf Wiederherstellung der aufschiebenden Wirkung stellen.

Handelt es sich bei der schulischen Maßnahme nicht um einen belastenden Verwaltungsakt, kann vorläufiger Rechtsschutz gem. § 123 VwGO im Wege einer einstweiligen Anordnung erstrebt werden.
Voraussetzung für den Erlaß einer einstweiligen Anordnung ist, daß ohne eine solche Anordnung angesichts der Dauer eines Klageverfahrens der Rechtsschutz nicht mehr gegeben wäre und daß eine Klage Erfolgsaussichten hat.

Die einstweilige Anordnung trifft aber nur eine vorübergehende Entscheidung in bezug auf den Streitgegenstand.
Wird etwa die Teilnahme am Unterricht der nächsthöheren Klasse durch einstweilige Anordnung beschlossen, ist damit über die Rechtmäßigkeit der Nichtversetzung noch nicht abschließend entschieden, und der Schüler ist bei Klageabweisung in der Hauptsache in die nächstniedrigere Klasse zurückzuversetzen.

Züchtigung:
siehe Körperliche Züchtigung

IV Hinweise zur schulrechtlichen Literatur

In die folgende Literaturliste wurden nur Titel aufgenommen, die sich ausschließlich mit dem Schulrecht beschäftigen.
Es fehlen daher schulrechtliche Beiträge in Loseblattwerken, Sammelbänden und Enzyklopädien, deren Schwerpunkt zum Beispiel auf der Pädagogik, der Schulorganisation oder dem gesamten Verwaltungsrecht liegt.
Soweit die Titel kritisch kommentiert werden, handelt es sich um persönliche Wertungen des Verfassers dieses Schulrechtsführers.

Böhm, Thomas: *Schulrechtliche Fallbearbeitungen für Pädagogen. Neuwied 1991*

Ausgehend von Fällen, die in der Regel der Rechtsprechung entnommen wurden, werden die Leser durch Aufgaben und Leitfragen aufgefordert, zunächst selbst eine Lösung zu erarbeiten.
Die der Rechtslage entsprechende Lösung wird anschließend dargestellt und in den größeren systematischen Zusammenhang des jeweiligen Themenbereiches gestellt.
Zu den auf diese Weise erarbeiteten Themen gehören die Grundrechte der Eltern und Schüler, die Weisungsgebundenheit und pädagogische Freiheit der Lehrer, Leistungsbewertungen, Aufsicht, Ordnungsmaßnahmen und die Schulmitwirkung.

Das Buch vermittelt nicht nur inhaltliche Kenntnisse, sondern auch Methodenwissen.

Böhm, Thomas: *Grundriß des Schulrechts in Deutschland. Neuwied 1993*

Im ersten Teil des Buches wird ein systematischer Überblick über für das Schulwesen wichtige Bestimmungen des Grundgesetzes gegeben, zu denen die Aufsicht des Staates über das Schulwesen, die Grundrechte der Eltern, Schüler und Lehrer sowie das Recht der Freien Schulen gehören.
Im zweiten Teil wird das Schulrecht der Länder dargestellt. Zu den Schwerpunkten gehören hier u.a. Aufbau und Gliederung des Schulwesens der Länder, die Schulaufsicht, die Rechtsstellung der Schulleiter, Lehrer und Schüler.

Das Buch ist besonders geeignet für eine erste Einführung in das Schulrecht.

Füssel, Hans-Peter (u.a.): *RechtsABC für Lehrerinnen und Lehrer. Neuwied 1987*

Das Buch erläutert in alphabetischer Ordnung und lexikalischer Kürze wichtige Begriffe des Schul- und Dienstrechtes in einer auch Nichtjuristen verständlichen Weise.

Das Dienstrecht wird dabei besonders ausführlich behandelt. Eine Neuauflage wäre wünschenswert.

Staupe, Jürgen:
Schulrecht von A-Z.
München 1991

Alphabetisch nach Stichworten geordnet werden die wichtigsten schulrechtlichen Grundbegriffe kurz und verständlich erläutert.
Soweit der Verfasser seine persönliche Meinung vertritt, wird auf entgegenstehende Auffassungen der Gerichte oder anderer Autoren hingewiesen.

Heckel, Hans; Avenarius, Hermann: *Schulrechtskunde.*
Neuwied 1986

Dieses Standardwerk des Schulrechts bietet einen ausführlichen Überblick über die Grundlagen des Schulrechts in einer auch Nichtjuristen verständlichen Form.
Eine Überarbeitung, die das Schulrecht der neuen Bundesländer und weitere aktuelle Entwicklungen einbezieht, ist in Vorbereitung.

Knudsen, Holger (Hrsg.): *Ergänzbare Sammlung schul- und prüfungsrechtlicher Entscheidungen (SPE) (neue Folge).*
(Loseblattwerk) 3 Ordner,
Neuwied: Luchterhand

Die Sammlung bietet auf z.Zt. ca. 3.900 Seiten Gerichtsentscheidungen seit ca. 1984 zum Schul- und Lehrerdienstrecht mit Leitsätzen, Sachverhalt und Auszügen aus den Urteilsbegründungen.
Die Leitsätze älterer Entscheidungen sind vollständig enthalten.
Das Werk verschafft einen umfassenden Überblick über das Schulrecht, das Lehrerdienstrecht und das Prüfungsrecht, einschließlich universitärer Prüfungen.

Niehues, Norbert: *Schul- und Prüfungsrecht. München 1983*

Die Lektüre setzt schulrechtliche Grundkenntnisse voraus.
Die Darstellung konzentriert sich auf grundlegende Fragen des Schulrechts, zu denen der Verfasser juristische Meinungsstreitigkeiten wiedergibt und selbst kritisch Stellung nimmt.
Einen besonderen Schwerpunkt bildet das Prüfungsrecht.

Vogel, Johann Peter: *Das Recht der Schulen und Heime in freier Trägerschaft. Neuwied 1991*

Die verfassungsrechtlichen Normen und die Gesetze der Länder zur Errichtung und zum Betrieb von Bildungseinrichtungen in freier Trägerschaft werden ausführlich einschließlich wichtiger Steuerprobleme erörtert.
Der Stand der juristischen Diskussion zum Privatschulrecht wird wiedergegeben, und der Verfasser nimmt selbst von einer privatschulfreundlichen Position aus Stellung zu den zentralen Problemen des Rechtes der freien Schulen.